LA CHRONOBIOLOGIE

LA BIOLOGIE DU TEMPS

DR JUAN MOISES DE LA SERNA

Traduit par Petra Segaric

Éditions Tektime

Copyright © 2020

"La Chronobiologie: la biologie du temps"

Écrit par Juan Moisés de la Serna

Traduit par Petra Segaric

1ère édition: octobre 2020

© Juan Moisés de la Serna, 2020

© Éditions Tektime, 2020

Tous droits réservés

Distribué par Tektime

La reproduction totale ou partielle de ce livre est interdite, son incorporation dans un système informatique ou sa transmission, quel que soit le mode opératoire ou le format, électronique, mécanique, photocopies, par enregistrement ou via d'autres moyens, est formellement interdite sans une autorisation préalable écrite de l'éditeur. La violation des droits susmentionnés peut constituer une atteinte à la propriété intellectuelle (art. 270 et suivants du Code pénal).

Adressez-vous à C.E.D.R.O. (Centre Espagnol des Droits de Reproduction) si vous avez besoin de photocopier ou de scanner un fragment de cette œuvre. Vous pouvez contacter le C.E.D.R.O. via le site www.conlicencia.com ou par téléphone au 91 702 19 70/93 272 04 47.

Préface

Ça serait bien si notre propre temps était notre guide, car tel que nous le découvrirons tout au long de ce livre, respecter un rythme optimal au moment d'accomplir une action quelconque nous garde en bonne santé.

Car chacun d'entre nous est un être unique, il serait donc pratique d'apprendre à écouter notre propre organisme pour comprendre quel est le tempo qui nous gouverne, et ainsi s'y adapter, puisque c'est de cette façon que nous trouverons le calme qui nous permettra de mieux effectuer toutes nos activités.

Effectuer les activités quotidiennes à un rythme plus rapide, ne fera qu'apporter du stress qui engendrera les maladies qui y sont associées.

De même que les effectuer à un rythme réduit provoquera désespoir et ennui.

Ce livre traite une thématique de grande importance, tant pour la découverte personnelle de soi-même comme pour les relations sociales, pour nous permettre de nous rapprocher d'autrui en partant d'une nouvelle perspective enrichissante.

Objectif :

L'objectif de ce livre reste une première approximation à la branche émergente appelée Chronobiologie.

Pour cela, les sujets les plus pertinents seront abordés pour montrer les résultats récents des recherches mondiales menées dans ce domaine pendant les deux dernières années.

Tout cela expliqué dans un langage clair et simple, loin des technicités, développant chaque concept afin qu'il puisse servir de véritable guide d'initiation.

Destinataires :

- Professionnels de la santé qui souhaitent approfondir les effets du temps sur la santé ;

- Professeurs qui souhaitent offrir à leurs élèves les informations actuelles sur leur horloge interne ;

- À chaque personne intéressée au fonctionnement et aux influences du temps sur le comportement et la santé.

Thématique

Ci-dessous le détail des principales thématiques traitées dans ce livre :

- Le cycle de la vie : tous les êtres vivants sont subordonnés au temps qui passe et à ces conséquences, et parmi eux les êtres humains, découvrez l'influence du temps qui passe.

- L'origine du contrôle du temps : l'une des grandes découvertes de l'humanité fut celle de comprendre et mesurer le temps qui passe pour effectuer des prédictions, dans ce chapitre nous explorerons l'histoire de la mesure du temps.

- L'horloge biologique : partir à la découverte du concept d'horloge biologique et comment l'homme en détient-il plusieurs qui lui permettent de maintenir le bon fonctionnement de l'organisme.

INDICES

Préface 2

Remerciements 7

Chapitre 1. La plus grande découverte de l'humanité 9

Chapitre 2. Le cycle de la vie 29

Chapitre 3. Le contrôle du temps 41

Chapitre 4. Les migrations 49

Chapitre 5. Le cycle menstruel 59

Chapitre 6. La fréquence cardiaque 67

Chapitre 7. Le cycle du sommeil 77

Chapitre 8. Taux de régénération cellulaire 93

Chapitre 9. Conclusion.. 114

Dédié à mes parents

Remerciements

Je souhaiterais remercier toutes les personnes qui ont collaboré et contribué à la réalisation de ce texte, en particulier à Mme Vilma Aho, bioscientifique, chercheuse de l'équipe de sommeil d'Helsinki, Institut de biomédecine, Université d'Helsinki (Finlande) et Dr Ricardo López Pérez, chercheur en traitement du cancer et chef du département RDI chez Immunostep.

Chronobiologie: la biologie du temps

Chapitre 1. La plus grande découverte de l'humanité

Si on s'arrêtait juste un instant pour regarder autour de nous et examiner la vie de nos parents à notre âge, on comprendrait alors le pas énorme réalisé au niveau des progrès technologiques. Il y a 40 ans, on méconnaissait complètement l'utilisation des téléphones portables et les termes communs d'aujourd'hui tel que Facebook, Twitter ou Whatsapp étaient impensables.

Par contre si nous observons la vie d'il y a 80 ans de nos grands-parents, les changements deviennent encore plus accentués surtout si comparés avec notre quotidien. Aujourd'hui, c'est notre téléphone portable qui nous réveille au matin et qui nous permet de lire les messages reçus depuis n'importe quel coin du monde ou de consulter les prévisions météorologiques du jour ; tout comme la télévision à écran plasma nous accompagne pendant notre petit-déjeuner et notre BlackBerry nous permet de lire nos messages en route vers le bureau ou l'école et notre IPod d'écouter le tout dernier concert de notre idole actuelle.

Nous sommes tellement habitués à la technologie et à ses progrès qu'il nous est difficile de concevoir la notion de civilisation sans sa présence. Pour cela, l'un des axes qui définit le premier monde est justement l'accès à la technologie et au progrès qu'elle engendre dans les différents domaines de la médecine.

Les pays en voie de développement sont ceux qui petit à petit augmentent l'utilisation de la technologie et implémentent différentes infrastructures telles que le pavage et les autoroutes, mais également le réseau électrique qui illumine les rues et permet le contrôle du trafic grâce au feu de circulation.

Pourtant pour les pays du tiers-monde ou les pays en développement, ceci reste une réalité bien lointaine tout comme cela l'était au père de notre père lorsque celui-ci était jeune.

Beaucoup de changements sont survenus dans un laps de temps très court et nous sommes tellement différents de ce que nous étions que certains scientifiques affirment que nous nous trouvons face à un nouveau pas de l'évolution humaine, l'homo sapiens née il y a plus de mille ans laisse ainsi sa place à l'homme technologique.

Les progrès expérimentés par la civilisation actuelle ont été nombreux tout au long de son histoire jusqu'à en arriver au développement actuel où certains progrès expérimentés semblent normaux et qui seulement un siècle, auparavant, étaient considérées exceptionnelles, tel que l'électricité qui illumine chaque espace de nos villes grâce aux panneaux publicitaires, feux de circulation ou l'éclairage public. L'utilisation massive d'Internet et de la communication à distance à travers les tablettes et autres dispositifs mobiles qui nous permettent aujourd'hui d'utiliser des trains qui glissent sur l'air à l'aide de grands champs magnétiques ou encore de monter sur le fameux train à grande vitesse en Chine pour traverser le plateau de Yunnan-Guizhou à une vitesse moyenne de deux cents kilomètres à l'heure et réduire de moitié le temps du trajet.

Aujourd'hui certaines inventions qui étaient impensables il y a des décennies font partie de notre quotidien et le progrès semble s'accélérer toujours plus sur base annuelle, ce qui prenait des décennies avant aujourd'hui rend nos rêves plus accessibles. Ainsi, d'après les informations fournies par la NASA, il semblerait que nous ayons une date pour la colonisation de nouvelles planètes et une première sélection d'explorateurs formés pour rejoindre la planète rouge, Mars.

Depuis 2012, celle-ci est surveillée de près par *Curiosity* qui, depuis, n'a cessé d'envoyer des images de sa surface, en plus d'autres informations jugées vitales pour pouvoir concevoir ce que serait la première colonie de l'humanité en dehors de la Terre.

Un développement rempli de lumières et d'ombres, où les pays du premier monde se sont convertis en grands consommateurs de n'importe quel progrès d'actualité aux dépens des pays moins avancés transformés en main-d'œuvre bon marché pour l'exploitation des ressources minières et pétrolières de leurs terres ou convertis en manufacturier et où les usines se chargent de fabriquer de nouveaux produits de consommation.

Cette avancée technologique engendre également une hausse des soins et de la qualité sanitaires, permettant des traitements du cœur ou de la tête inimaginables il y a à peine dix ans et où l'imagerie par résonance magnétique facilite les interventions chirurgicales basées sur des modèles tridimensionnels propres au patient.

L'amélioration de la qualité de vie s'accompagne d'une augmentation de la diversité des aliments désormais accessibles dans n'importe quel supermarché de Colombie, de Belgique ou du Maroc. L'anone, l'avocat, les grenades ou les dattes font désormais partie de notre menu quotidien car disponibles pendant toutes les saisons de l'année.

Tout cela, uni à d'autres exploits, semble être la clé de la hausse de l'espérance de vie, qui passe de vingt ans il y a une centaine d'années aux quarante ans des générations précédentes pour arriver aujourd'hui à presque quatre-vingts ans comme au Japon et en Espagne.

Nous pouvons en conclure qu'aujourd'hui nous sommes en meilleure santé et nous vivons mieux et plus longtemps. Tout cela grâce au progrès scientifique qui malgré la complexité actuelle de la chimie organique ou de la physique quantique, considère seulement quelques découvertes comme responsables d'avoir drastiquement changées le cours de l'histoire de l'humanité, et sans lesquelles nous ne serions jamais arrivés au point où nous en sommes, ni comme espèce ni comme civilisation et en comprenant que sans celles-ci, nous serions encore comme nos ancêtres dans la nuit des temps.

Même si aucun consensus unanime met d'accord scientifiques et penseurs concernant les principaux moteurs de l'évolution sociale, voici une liste d'événements habituellement mentionnés :

1) La capacité de manipuler le feu, qui a permis de survivre aux froids hivernaux les plus intenses, de changer le mode alimentaire et de cuire ou fumer les aliments pour éviter le gaspillage ou la transmission de maladies, alors principales causes de mortalité de la population existante.

Avec le temps, le feu deviendra un élément essentiel permettant de développer différents procédés décisifs tels que la fonderie et qui engendrera l'une des périodes les plus remarquables de l'histoire, l'âge des métaux, où l'utilisation du métal est cruciale pour les armées lors de combats et batailles.

Et si initialement les armes étaient réalisées en métal fondu, la découverte du cuivre, plus malléable, mais aussi plus dur, permit aux armées ayant dominés le secret du feu pour leur propre bénéfice de vaincre l'ennemi.

Les peuples perses qui étaient même arrivés jusqu'en Asie, ou les Mongols qui avaient conquis toutes les steppes et une partie de l'Europe, se voient dépassés par les armes modernes et les armures étincelantes des soldats et centurions d'armées tellement ordonnés et organisées comme celles des Romains qui disposait d'armes capables de briser celles de leurs adversaires en un seul coup.

L'utilisation de métaux tels que l'acier s'étend sur différents types de véhicule et d'appareils, même si actuellement, notamment grâce à la nanotechnologie, un grand nombre de nouveaux matériaux et tissus voient le jour avec des fonctions bien spécifiques telles que la mémoire qui permet de récupérer l'état original d'un véhicule après une collision ou l'imperméabilité des vêtements à la pluie et aux taches.

2) Le développement de l'agriculture uni à la capacité d'élevage et de dressage des animaux en captivité représente des avancées fondamentales pour abandonner la vie nomade et migratoire, garantir les moyens nécessaires de survie pendant toute l'année et permettre ainsi l'établissement des premières colonies.

Même si actuellement certains peuples nomades continuent à se déplacer à la recherche de pâturages verts pour leurs bétails, la majorité des peuples s'installent sur des terrains délimités qu'ils considèrent comme leurs propres territoires, suscitant par la suite des batailles pour acquérir plus de terres.

3) L'invention de la roue fut un élément essentiel puisqu'elle permit le développement des premières machines importantes, comme par exemple la poulie, et indispensables pour la construction et les progrès architecturaux ultérieurs qui permettra aussi de simplifier les transports, notamment le déplacement de matériaux sur de longues distances.

4) Le ciment marque le cap entre les petits villages et les grandes villes. Il succède au pouzzolanique qui prend son nom des carrières d'extraction proches du Vésuve et composé d'un mélange de poudre volcanique et chaux vive utilisé en grande quantité par les Romains.

Le ciment permettra la création d'énormes arcs et voûtes alors impossible. Aujourd'hui, on peut visiter nombreux de ces monuments érigés il y a des milliers d'années et répandus dans la capitale de l'Empire romain comme le Colisée (amphithéâtre Flavien), les thermes de Caracalla ou le Panthéon d'Agrippa.

5) La création et le perfectionnement du langage, en particulier écrit, deviendra un moyen indispensable pour la diffusion de connaissances pouvant dépasser les limites du moment présent pour transmettre des messages à des

personnes situées dans des endroits lointains et époques différentes.

6) Le développement des mathématiques comme langage universel et moyen de compréhension de notre environnement, facilite le rapprochement entre notre intellect et les tout petits microorganismes telles que les étoiles lointaines.

Pourtant, toutes ces inventions et développements semblent s'estomper face à une d'elles qui deviendra indispensable pour notre quotidien, l'horloge. Une invention qui tente de rendre compte d'un phénomène qui a marqué chaque événement de la vie de l'humanité et du reste des êtres vivants, depuis son apparition jusqu'à son épuisement, le passage nécessaire et incontournable du temps.

Une simple observation de son passage enchante l'humanité depuis le début des temps, soit pour l'adaptation aux conditions climatiques de chaque saison, depuis la cueillette des fruits en période de floraison ou simplement pour observer les nouveaux nés nécessaires pour accroître le numéro des membres de la famille.

Parmi les nombreuses preuves de ce passage peut-être la plus frappante, et en même temps intrigante, fut l'énorme variation de luminosité au cours de la journée qui diminue pour enfin disparaître.

Si le jour apporte lumière et chaleur, la nuit au contraire entraîne obscurité et températures basses. L'un des motifs de grande peur de nos ancêtres qui contrairement à d'autres espèces animales n'étaient pas particulièrement adaptés pour survivre en absence de lumière, car leur vision, nécessaire pour la chasse, était assez limitée pendant ces heures.

Pour cela, comme nous l'avons déjà commenté, l'une des premières découvertes très utiles fut la maîtrise du feu, qui ne leur était pas entièrement inconnue puisqu'ils l'ont découvert dans la nature, dans les arbres retrouvés après avoir été frappés par la foudre, ou dans les zones d'activité volcanique.

Cette découverte leur donna un nouveau statut dans la chaîne alimentaire, car ils pouvaient s'en servir comme arme ou pour préparer de la nourriture chassée. De la même façon que son utilisation était indispensable pour se protéger des prédateurs qui rôdaient souvent autour de leurs refuges.

De plus, ils ne tarderont pas à s'en servir pour d'autres finalités, comme source de chaleur, si importante pendant les nuits les plus froides et les saisons hivernales, ou de lumière, fondamentale pour la vie dans les cavernes mal éclairées par les faibles rayons de lune.

L'admiration pour le cycle jour-nuit et ses effets sur les

êtres vivants, représente l'un des phénomènes qui a eu le plus d'influence sur la culture des premiers peuples, et s'enracine ainsi profondément dans leurs traditions et croyances pour générer un grand nombre de mythes et légendes qui essayent de rendre compte de ces phénomènes qui impliquent deux grands corps célestes, le soleil et la lune.

La première association fut attribuée à la vitalité puisqu'avec la manifestation de la lumière et la hausse des températures, une grande majorité des êtres vivants récupèrent leurs mouvements pour sortir de leur état de somnolence nocturne et commencer leurs activités journalières.

Les mâles hominidés sortent pour chasser, tandis que les femelles se dédient à effectuer les activités de cueillette des fruits sauvages de la région. La chasse devient ainsi l'axe de la vie sociale où une bonne prise est célébrée par tous puisqu'elle procurera à manger pendant plusieurs jours.

Ainsi, le soleil est devenu le symbole qui représente le monde masculin, la force et la vitalité de la nature, considéré par certaines cultures comme la divinité principale et le père du reste des divinités ; on en trouve de nombreux exemples sur toute la Terre, des civilisations baignées par la Méditerranée comme l'égyptien (Ra) ou le grec (Hélios), aux Américaines comme les aztèques (Tonatiuh) et les incas (Inti), ou les asiatiques comme le chinois (Ri Gong Tai Yang Xing Jun).

Par ailleurs, cette boule de feu chaude et vitale semble toujours tracer dans le ciel le même trajet comme un chemin qui part de l'est, d'où elle se lève, pour passer par le zénith à midi et atteindre enfin l'ouest où elle se couche ; un parcours recueilli par différentes traditions comme le déplacement de l'astre roi par un charriot ou un bateau solaire tout le long de la voûte céleste et de retour après la nuit.

Une conviction puissante qui a dû attendre le XVIIe siècle pour avoir une explication par Galileo Galilei. Il s'agit d'un effet visuel causé par la rotation de la Terre sur son propre axe par un mouvement continu vers l'est, ce qui semble, si nous prenons comme point de référence un astre externe quelconque, que la Terre tourne dans le sens contraire, tout comme le Soleil qui se déplace dans le ciel depuis l'Est vers l'Ouest.

Pourtant, le phénomène le plus mystérieux et attrayant qui a surpris et ébloui l'humanité fut celui causé par l'astre le plus proche de la Terre, l'énigmatique Lune.

Les activités qui s'accomplissent pendant la nuit sont bien différentes de celles menées pendant le jour, c'est de ce moment que les anciens profitent pour transmettre leur sagesse et expérience aux plus jeunes par le biais d'histoires et fables qui les aideront à se rappeler de ces enseignements associés à la chaleur du foyer avant d'aller se reposer jusqu'à l'aube.

Et tout cela surveillé par ce corps céleste brillant qui semble parfois illuminer comme le Soleil et qui, outre à l'obscurité et à l'apparition d'une myriade de petits points lumineux dans le ciel, entraîne habituellement une importante baisse des températures.

Différentes caractéristiques remarquables sont attribuées au seul satellite de la Terre, la plus acceptée est peut-être son influence sur les marées, alors que la plus contestée est la libération de l'instinct primitif chez l'homme.

Pour tout cela, la Lune a traditionnellement été associée au monde de la subtilité et de la délicatesse, représentée comme une divinité féminine, soit parmi les peuples de la Méditerranée, tels que l'Égyptienne (Isis) ou la Grecque (Artémis), pour le peuple Américain comme les Aztèques (Coyolxauhqui), les Incas (Mama Quilla), ou les asiatiques comme lq divinité chinoise (Chang E).

Ce basculement radical de luminosité entre le jour et la nuit permit à nos ancêtres de commencer à se rendre compte que quelque chose d'extérieur à leur compréhension affectait inévitablement tous les êtres vivants, le passage du temps.

Chaque nouvelle aube était un jour de plus pour la vie de ces premiers hominidés, qui prenaient peu à peu conscience de l'importance d'assister à ces variations afin de comprendre ce qui se passait autour d'eux.

Contrairement au Soleil, visible toujours dans la même sphéricité, la Lune semble changer de forme en fonction des nuits qui passent et parait plus ou moins ronde selon la phase dans laquelle elle se trouve.

Le cycle lunaire commence à partir de sa forme apparente plus complète et ronde, semblable à celle du Soleil (pleine lune ou Plenilunium) en passant par une position dans laquelle la seule partie semi-circulaire allant jusqu'à la droite de sa superficie est visible (le premier quartier) pour disparaitre complètement (Nouvelle lune ou lune noire), suivi d'une progressive apparition de sa partie gauche (le dernier quartier) pour enfin compléter son cycle avec la pleine lune de nouveau.

Un phénomène astronomique qui enregistre une semaine pour chaque phase et un cycle prévisible de vingt-neuf jours. La confirmation exacte de cette succession de changements lunaires pousse à envisager qu'il pourrait s'agir d'une bonne façon de mesurer le temps permettant ainsi, d'une certaine manière, de comprendre les différentes évolutions du monde.

C'est ainsi qu'apparaît le premier calendrier basé précisément sur les différents passages de la Lune et qui a permis de conter les cycles restants pour l'arrivée d'un printemps fructueux ou bien évaluer le bon moment pour émigrer avant l'apparition des premiers froids qui annonceraient un hiver rude ; tout ceci donnera lieu aux premiers enregistrements sur les changements des saisons.

Pourtant, ce ne sont pas seulement ces phénomènes, répétés régulièrement, qui étonnent l'humanité et qui ont été d'abord signalés par des pictogrammes et ensuite par écrit. Nous trouvons des inscriptions d'apparitions de phénomènes atmosphériques étranges sur différentes latitudes, telles que les aurores ou les corps cosmiques qui au moment de passer la voûte céleste, nom ancien pour dénommer le ciel, laissent trace d'une étoile lumineuse.

En revanche, beaucoup d'autres phénomènes sont passés inaperçus parce qu'ils manquaient de régularité suffisante, même si grâce aux chroniques de l'époque, nous disposons d'informations pour les aurores, les tremblements de terre, les inondations ou les sécheresses.

Un monde lointain marqué par des changements imprévisibles que nos ancêtres essayaient de comprendre dans un premier temps par le biais d'explications basées sur les grandes forces de la nature adoptant un comportement chaotique et capricieux, qu'ils personnifiaient souvent par des divinités mythologiques à adorer et auxquelles confier des offrandes pour obtenir leur bénédiction et éloigner leur colère.

Nombreux exemples sont répandus à travers la géographie mondiale dans différentes traditions et cultures de nos prédécesseurs. Ainsi nous pouvons trouver des références à des divinités telles que Thor, dieu de l'orage dans la mythologie nordique ; Namazu, dieu japonais des séismes ou Éole, dieu grec du vent.

Mais la curiosité humaine ne s'arrête pas là, l'étape qui suit le rassemblement de ces enregistrements méticuleux pendant des années, fut celle de chercher, dans la mesure du possible, une sorte d'explication, une relation entre ces événements extérieurs qui avaient tant d'influence sur les conditions de la vie, affectant à la fois la chasse et la récolte.

La relation la plus évidente se trouve peut-être dans les nombreux changements de la nature au niveau climatologique et qui entraînent une multitude de petites variations au fur et à mesure du passage des quatre-saisons et de leur influence sur la disponibilité des aliments et de l'eau.

Au printemps, les fleurs fleurissent et les fruits poussent tandis que les animaux s'accouplent pour se reproduire, un ensemble de phénomènes qui semblent être propices à la vie.

En été, les températures augmentent et les pluies diminuent, dans certains endroits la disponibilité de l'eau est extrêmement pauvre ce qui force à la migration vers des terres plus généreuses.

L'automne, considéré comme une période de transition, est marqué par une série de différents changements de températures accompagnés de pluies fréquentes et une perte de feuilles des arbres, mais représente également le moment de la migration des oiseaux pour rejoindre des zones au climat plus chaud.

L'hiver contrairement à l'été, est la période la plus froide, quand la lumière est plus faible, les nuits plus longues et la faune et la flore des hautes latitudes se fait plus rares.

L'intérêt ne se limitait plus à laisser une trace écrite de ces phénomènes et leur donner un sens, mais de commencer à chercher la possibilité de les prévoir et trouver un moyen pour être prêt pour éventuellement remédier aux adversités ou profiter des bonnes opportunités.

Pourtant ils ne s'orientaient pas sur 365 jours de l'an, tels que nous les connaissons, mais par les saisons et commençait à compter l'âge de chacun par le numéro de printemps vécu, un moyen utilisé encore aujourd'hui par certains peuples restés en contact direct avec la nature.

Mais dans l'antiquité, nombreux se sont non seulement intéressés à l'observation des événements atmosphériques ou astronomiques, mais aussi à tout phénomène pouvant affecter le développement normal de la vie, comme le montrent les anciens enregistrements du niveau des eaux avec lesquels ils ont essayé de prédire les inondations du Nil en Égypte antique.

Pour cela, une invention appelée nilomètre a été développée et grâce à laquelle des mesures annuelles ont été effectuées pour calculer le niveau maximum de débit atteint à différents endroits pendant la saison des pluies et qui ont permis de prévoir inondations ou sécheresses de ces champs pour cette année-là.

On compte jusqu'à quinze nilomètres répartis tout le long du fleuve, depuis l'île Éléphantine (Assouan) sur le Haut Nil jusqu'à l'île de Rawdah ou Roda (Le Caire) sur le delta du Nil. Mais comment ont-ils réussi à calculer un an ?

Pour avoir un bon système d'évaluation, dans un premier temps, l'humanité a dû développer un calcul efficace du temps pour lequel une course intense a été menée pour améliorer le système de mesure pour le rendre toujours plus précis et qui est utilisé encore aujourd'hui.

C'est pour ce besoin que voit le jour le calendrier lunaire où un cycle complet de la Lune est considéré comme l'unité de mesure du temps appelée mois lunaire où lunaison dont encore aujourd'hui nous conservons des restes sur des os datant de la période paléolithique. Utilisé encore aujourd'hui par certaines religions comme l'islamisme pour calculer les dates des festivités importantes telles que le Ramadan.

Les premiers habitants de l'empire égyptien l'ont abandonné pour commencer à calculer le temps à partir du mouvement apparent du Soleil, système assez simple pour rendre compte du passage des jours ; de cette mesure, est né le calendrier solaire si répandu aujourd'hui.

Cette invention a permis de nous situer dans le présent et connaître la distance en siècles, lustres, décennies, années, mois ou jours qu'il y a par rapport à un certain événement du passé.

Ce calendrier perfectionné et définis pour trois cent soixante-cinq jours fut établi par Jules César pour tout l'Empire romain dans la première moitié du 1er siècle avant J.-C., avec les années bissextiles tous les 4 ans, lorsqu'on y ajoutait un jour supplémentaire.

Malgré la rigueur des calculs, un certain décalage par rapport à l'année naturelle ou astronomique (le temps qu'il faut à la Terre pour faire le tour du Soleil) persistait, et il a fallu attendre que le Pape Grégoire XIII y apporte des modifications et implante un nouveau calendrier qui porte son nom et devenu aujourd'hui le plus répandu et utilisé.

Établis de cette manière l'année solaire ou tropicale (le temps nécessaire pour le passage du Soleil entre les mêmes équinoxes par exemple du printemps au printemps) compte 365 jours, 5 heures 49 minutes et 12 secondes, les heures, minutes et secondes sont ensuite corrigées par les années bissextiles.

L'évolution du calendrier solaire prend en compte à la fois les cycles lunaires et solaires. Appelé calendrier luni-solaire il applique des formules mathématiques compliquées et n'est utilisé aujourd'hui que par quelques peuples, tels les Juifs ou les chinois.

Une autre question sur laquelle aucun consensus n'a été atteint est celle qui détermine le début du calendrier, soit la décision de ce qui doit être pris en compte pour établir l'année zéro.

Le calendrier le plus étendu, le grégorien, tel que le julien, commence à partir de la date à laquelle on supposait la naissance de Jésus-Christ et qui sert à indiquer les dates qui se seraient produites avant celle-ci, av. J.-C. (avant Jésus-Christ) ou plus tard, apr. J.-C. (après Jésus-Christ).

En revanche, d'autres religions établissent le moment zéro de leurs calendriers à partir d'autres faits importants pour eux, tels que le cas des Juifs pour lesquels il débute en 3761 av. J.-C., date de la formation de la Terre d'après les calculs basés sur la Genèse, pour les musulmans à partir du début de l'Hégire (le départ de Mahomet de la Mecque vers Médine) en 622 apr. J.-C., et pour les bouddhistes à partir de la naissance du Bouddha Gautama en 563 av. J.-C.

Cette invention, qui, comme nous l'avons vu, a connu un large développement tout au long de l'histoire de l'humanité pour jouer un rôle indispensable dans nos vies, et même nécessaire pour déterminer l'âge que nous avons.

Chapitre 2. Le cycle de la vie

Comme nous l'avons mentionné précédemment, dans la nature nous rencontrons des phénomènes occasionnels et imprévisibles, presque capricieux, qui se produisent de façon inattendue et qui ne sont pas conformes à une régularité, comme c'est le cas des orages ou des glissements de terrain.

Mais tout n'est pas cyclique dans la vie, en fait, les climatologues parlent de singularité quand un phénomène rare et inattendu se produit et devient difficile à repérer lors d'une autre occasion. Ceci est dû à la confluence de circonstances si spéciales et spécifiques qu'il est difficile que ces mêmes forces de la nature peuvent dans un autre moment converger de nouveau pour provoquer cette unicité.

En échange, d'autres phénomènes plus prévisibles existent, précisément parce qu'ils se répètent avec une certaine régularité atmosphérique comme l'époque des cyclones (aux USA, ils se produisent entre août et septembre) ou des moussons (au sud de l'Asie elles apparaissent à partir de juin jusqu'à septembre) ; ou des phénomènes astronomiques tels que des larmes de saint Laurent et Perséides (visibles dans la première quinzaine d'août) ou bien certaines comètes qui orbitent autour du

Soleil.

Le saviez-vous ?

La comète Halle, dont l'orbite fut enregistrée et calculée pour la première fois en 1705 par Edmond Halley à qui on doit son nom, se rapproche de la Terre en moyenne tous les 76 ans et sa dernière apparition remonte en 1986, ce qui nous amène à prévoir son prochain passage dans l'orbite terrestre aux alentours de l'an 2061.

Mais cette régularité n'affecte pas seulement les phénomènes atmosphériques ou astronomiques ; pour peu que nous regardions la nature, nous nous rendrons compte que tout ce qui nous entoure semble être soumis d'une manière ou d'une autre à une certaine régularité.

Les êtres vivants, d'autre part, suivent un certain schéma régulier, un plan prescrit dans notre code génétique que tout le monde doit inévitablement remplir, appelé le cycle de la vie et qui se compose de plusieurs phases, leur nombre étant différent selon l'auteur consulté.

Dans ce cas, nous adopterons la dénomination la plus commune et la plus conservatrice qui divise le cycle de la vie en six étapes par lesquelles chaque être vivant doit inévitablement passer au cours de sa vie, en partant de la naissance pour rejoindre progressivement la croissance, le développement, la maturité, le déclin et enfin pour arriver à la mort.

Bien que parfois, certaines de ces étapes peuvent se produire si rapidement qu'elles sont presque négligeables, comme c'est le cas de la drosophile ou mouche du vinaigre (Drosophila Melanogaster) dont le cycle de vie est à peine de deux semaines, une éternité par rapport à celui de la mouche de mai ou de pêche (Ephemera danica) qui vit entre un et deux jours.

À L'opposé nous rencontrons des animaux avec une longévité supérieure qui peuvent vivre chaque étape pendant plusieurs décades et parmi lesquels nous trouvons les tortues géantes des Galapagos qui peuvent atteindre 180 ans, moins connu par contre la baleine du Groenland ou boréale (Balaena mysticetus) qui peut survivre presque 200 ans.

Dans le monde végétal, le cycle de vie est très similaire à celui commenté, la germination, la croissance, la floraison, la production de semences et enfin la mort ; leurs cycles se produisent si lentement que comparé à nos vies les végétaux peuvent nous paraître immortels.

Le pin aristé du Colorado (Pinus aristata) peut vivre environ 1500 ans tandis que les séquoias géants (Sequoiadendron), soit les végétaux les plus grands du monde, peuvent atteindre une taille de plus de cent mètres et vivre deux fois plus longtemps que le pin aristé du Colorado.

Si nous regardons les corps célestes tels que les planètes et étoiles, dans leurs apparences statiques, inertes et lointains à tous les changements, ceux-ci sont également soumis à leurs propres cycles de vie, croissance et mort, sauf qu'au lieu de compter les années nous calculons des millions et milliards d'années.

Inévitablement, l'être humain s'adapte au cycle de vie qui régit tous les êtres vivants et nous pouvons différencier ainsi les différentes phases tout au long de sa vie depuis la naissance, l'enfance, la puberté, l'adolescence, la maturité, la vieillesse et enfin la mort.

Un processus qui dans la race humaine bien qu'il soit universel, montre des différences considérables en fonction du pays de naissance et suivant l'espérance de vie caractéristique à chaque pays.

De nombreux facteurs peuvent expliquer ces différences, pour commencer, un développement socio-économique inégal, le privilège à l'accès aux progrès médicaux et technologies, le niveau de sécurité, la qualité de vie et entre autres la nécessité à l'accès à la nourriture et à l'eau.

Aujourd'hui, les pays développés ont une espérance de vie bien supérieure à celle du reste du monde et dépassent parfois l'âge de 80 ans comme c'est le cas des pays comme la Suisse, l'Espagne ou l'Australie, tandis que d'autres pays, qui ne bénéficient pas du privilège des découvertes médicales ou sont victimes de nombreuses guerres tribales, se situent en dernière position sur l'échelle de l'espérance de vie avec une moyenne d'âge de seulement 50 ans, comme c'est le cas en Sierra Leone, Zambie ou en Afghanistan.

Indépendamment du pays dans lequel nous vivons, on enregistre des cas de personnes centenaires qui ont surpassé toutes les personnes de leur génération et qui sont repartis sur toute la géographie planétaire, depuis l'Australie jusqu'en Barbade passant par le Cap-Vert ou l'Islande, et tous mort aux alentours de 120 ans, âge désormais établis comme notre limite biologique.

Des milliards d'habitants de notre planète, seule une poignée a vécu très longtemps, nous pouvons ainsi estimer que nous nous trouvons face à la limite de notre espèce que seulement une partie minimale de la population existante a pu atteindre.

Malgré le fait que la limite semble encore inatteignable pour la plupart, on note une augmentation notable dans de nombreux pays développés et en développement, comme en Amérique latine, qui au siècle dernier a augmentée l'espérance de vie de ses habitants jusqu'à 45 ans.

Certaines voix accréditées comme l'ONU (Organisation

des Nations Unis) alertent sur le prochain problème mondial quant à l'augmentation excessive de la population âgée, causée par le manque de guerres et l'abondant accès à la nourriture et à l'eau additionné à de meilleures conditions médicales et technologiques de plus en plus efficaces pour augmenter la qualité de vie de la population âgée.

Ce problème prévisible ne concerne pas seulement la hausse de la population âgée, mais cela affecte les pays avec un faible taux de natalité comme c'est le cas de certains pays européens ou le Japon, engendrant ainsi une carence du maintien de l'activité économique du pays et par conséquent une faible garantie de l'équilibre des niveaux optimaux des services sociaux si nécessaires à partir d'un certain âge.

Aujourd'hui, la question sur la limitation de la survie humaine reste encore en suspens surtout si nous considérons qu'elle sera déterminée par le développement de la science par rapport aux progrès telles que les transplantations des membres et organes du corps humain jusqu'aux avancées médicales plus efficaces ou la régénération cellulaire.

C'est certain que les progrès atteints pendant ces dernières années et relatifs à la chirurgie reconstructive qui vise à atténuer les lésions ou pertes de certains membres ou organes, entre autres réalisées actuellement de manière relativement facile, ont la fonction de « remplacement » de composants de l'organisme qui se sont arrêtés de fonctionner et qui ont été causés par une maladie congénitale ou acquise.

Nous sommes quotidiennement informés sur l'accomplissement de nouveaux exploits dans ce champ importants pour le futur, surtout car la probabilité d'être victime d'un accident et souffrir de lésions devient plus probable.

En plus, même sans accidents, mais simplement suite à l'usure de l'organisme, un grand nombre de cas nécessitent la réalisation d'interventions chirurgicales, impensables dans un passé récent, et qui accompagnées à des exercices de réhabilitation postopératoire offrent une majeure espérance et qualité de vie.

Le profil...

Le docteur Pedro Cabada devient en quelques années une référence mondiale de la chirurgie reconstructive. Parmi ses nombreux succès, on peut retenir qu'il est le premier au monde à effectuer une greffe de jambe bilatérale simultanée.

Mais tout le monde ne partage le même optimisme sur ces avantages de prolonger la vie humaine aussi longtemps, car cela ne fait qu'augmenter les chances de l'apparition du prochain problème mondial difficile à résoudre, celui de la surpopulation. Un thème crucial pour la F.A.O. (abréviation en anglais de l'organisation des Nations Unies pour l'alimentation et l'agriculture) qui unis avec le changement climatique et l'expansion de l'agriculture peuvent dans un proche avenir mettre en grave danger la stabilité alimentaire du monde.

Ils constatent selon les rapports qu'ils gèrent que si la production alimentaire mondiale reste inchangée, la surpopulation entraînera des conflits entre les nations en raison de ressources insuffisantes nécessaires pour satisfaire leurs exigences.

Un tableau peu encourageant qui reflète la relation épineuse avec l'environnement duquel nous dépendons et que nous devons apprendre à respecter pour garantir notre propre survie.

De ce fait, certains scientifiques dirigés par le technologue Raymond Kurzweil affirment que si nous disposions de la technologie adéquate, l'être humain pourrait être immortel et se « réparer » chaque fois que cela serait nécessaire et continuer ainsi son existence.

Un désir de conservation tout au long des siècles où soudainement des progrès extraordinaires se réalisent non seulement au niveau des thérapies régénératives ou de chirurgies reconstructives, commentés précédemment, mais également comme service pour les personnes âgées, appelés soins socio-sanitaires. Des soins spécialisés qui influent directement sur l'augmentation de la qualité de vie et entraînent la hausse de l'espérance de vie des personnes âgées.

Pourtant, encore aujourd'hui nous ne connaissons pas le moyen pour affronter l'un des défis les plus importants de la science médicale, le cerveau.

Un organe qui fait partie du système nerveux et impossible à remplacer ni par celui d'une autre personne ni artificiellement. Il s'agit de l'organe le plus complexe de tout le corps humain entre autres par sa structure car formé de millions de neurones (matière grise) qui à leurs tours sont connectés entre eux par un système compliqué de câblage (substance blanche) qui s'étend sur la moelle épinière pour se connecter avec le reste du système nerveux repartis tout le long du corps.

En chiffre...

Le cerveau d'un adulte peut contenir environ cent milliards de neurones qui à leur tour peuvent être connectés avec encore des milliers d'autres.

Grâce à cette répartition des nerfs, le cerveau reçoit des informations à la fois de l'extérieur, à travers les sens, la vue, l'ouïe, l'odorat, le goût et le toucher ; comme de l'intérieur, percevant les sentiments de faim, de fatigue et de douleur, lorsque cela se produit.

Toutes ces informations sont ordonnées, traitées et prises en compte par le cerveau lorsqu'il prend les décisions appropriées. Un organe fondamental et indispensable qui régit le reste du corps, la température, la faim, le sommeil...Tout comme notre comportement extérieur par le contrôle des mouvement subtils et essentiels des muscles.

L'accomplissement le plus extraordinaire de cet organe énigmatique reste la possibilité de produire les processus dits supérieurs ou cognitifs tels que la vigilance, la perception, la mémoire ou la pensée qui nous configurent comme espèce et dans notre interne comme individu pour permettre ainsi de nous rapporter avec l'environnement qui nous entoure et avec soi-même.

Le passage du temps aura également ses conséquences sur le cerveau, provoquant une légère perte de neurones et de connexions entre eux, ceci se reflétera par un ralentissement au niveau du traitement de l'information tout comme par une perte progressive des capacités de ces processus supérieurs.

Alors le défi ne se trouve pas seulement dans la réalisation de moyens pour remplacer les membres ou organes qui se sont endommagés au cours de la vie ou qui ont simplement arrêtés de fonctionner correctement, mais de réussir à le faire pour le cerveau.

Une conviction qui au cours de ces dix dernières années semblait impossible car on croyait encore que toutes les cellules de l'organisme pouvaient se régénérer à exception des neurones et des cellules cardiaques.

Les dernières découvertes montrent plutôt que de nouveaux neurones sont produits même à l'âge adulte, un processus appelé neurogène. Un domaine de la recherche convertit en espérance pour lutter dans le futur contre les effets provoqués par le passage du temps sur notre cerveau au fur et à mesure que nous vieillissons.

Une avancée incontestable vers cet objectif de dépassement de la limite de 120 ans qui semble être fixée dans notre nature comme l'âge maximum de survie en tant qu'espèce.

Pourtant, un obstacle majeur reste encore à surmonter pour comprendre le cerveau et pouvoir proposer une intervention adéquate, il s'agit des maladies mentales encore méconnues.

Le saviez-vous ?

Selon le rapport *The economic cost of brain disorders in Europe 2010*, le plus grand défi économique pour le futur proche de l'Europe sera de faire face à l'augmentation croissante des maladies mentales.

Un grand éventail de maladies mentales, dont pour certaines, nous connaissons les composantes génétiques et pour d'autres seulement quelques éléments appartenant au contexte qui pourraient les déclencher, mais on se trouve encore bien loin de comprendre en détails quels sont les mécanismes impliqués.

L'apparition de la plupart de ces maladies est associée à une fourchette d'âge déterminée, certaines sont propres à l'enfance tandis que d'autres sont spécifiques pour les personnes âgées, parmi celles-ci, nous trouvons les maladies neurodégénératives qui entraînent des problèmes cognitifs provoqués par la mort neuronale prématurée et progressive comme l'Alzheimer, le Parkinson ou la sclérose en plaques.

De grands efforts ont été réalisés à cet égard pour avancer dans la recherche, ayant comme résultat le développement de techniques spécifiques de réhabilitation neuropsychologique, qui se poursuivent par la rééducation des fonctions cognitives supérieures en utilisant des processus non affectés par la maladie pour permettre de ralentir autant que possible les effets du processus dégénératif.

Chapitre 3. Le contrôle du temps

C'est impensable aujourd'hui de vivre sans regarder l'horloge pour connaître l'heure, pour arriver à temps au travail ou à un rendez-vous ou simplement pour ne pas perdre notre transmission télévisée ou radiophonique préférées.

Nous sommes habitués à les voir partout depuis notre enfance, que ce soit la pendule à coucou, l'horloge de mur ou la montre. Mais en plus des horloges plus ou moins grandes, l'heure est également disponible grâce à de nombreux appareils que nous utilisons quotidiennement, comme le réveil, le téléphone portable ou l'ordinateur. C'est ainsi que nous disposons tous d'une horloge qui nous informe sur l'évolution du temps et nous indique les différentes activités que nous devons effectuer à chaque moment.

Outre à son apparente simplicité, il s'agit d'une invention qui, comme nous l'avons vu avec le calendrier, se perfectionne au cours des années.

Les premiers calculs se servaient du Soleil, moyen assez rudimentaire et imprécis, et consistait à piquer un bâton dans le sable et observer comment l'ombre avançait jusqu'à atteindre la mesure la plus exacte et connue actuellement grâce aux horloges atomiques qui utilisent comme référence les vibrations naturelles de ses atomes avec une telle précision qu'on estime qu'elle se retarde d'une seconde tous les 300 ans, même si les scientifiques font déjà des recherches pour l'améliorer.

Depuis 1884, toutes les montres du monde sont ajustées au système GMT (Temps moyen de Greenwich) basé sur la rotation de la Terre pour calculer les changements d'heure entre les pays.

Mais en 1972 le passage au système UTC (temps universel coordonné) permet l'ajustement à la précision de l'horloge atomique tout en maintenant la même relation de fuseau horaire. Pour ce faire, la surface de la Terre a été divisée en vingt-quatre méridiens, qui la traversent du nord au sud, avec une séparation de quinze degrés de longitude entre chaque méridien.

En partant de l'Observatoire Astronomique de Greenwich en Angleterre qui marque le départ, c'est-à-dire par où passe le méridien du même nom considéré le méridien de référence (anciennement GMT et actuellement UTC 0), il faut ajouter une heure supplémentaire par méridien traversé vers l'est et vers et une heure de moins vers l'ouest.

Actuellement, d'autres fuseaux horaires sont incorporés à ces vingt-quatre, soit d'un quart d'heure ou d'une demi-heure, ce qui revient à en utiliser presque quarante.

À cette règle générale, si utile pour le monde financier et qui définit l'ouverture ou la fermeture des bourses de chaque pays ainsi que pour les touristes et aventuriers qui voyagent à l'étranger, des exceptions s'y ajoutent selon les frontières internationales ou la normative interne de chaque pays.

Ainsi certains pays qui, dû à la grande extension territoriale, sont traversés par plusieurs méridiens décident de maintenir l'horaire invariable à l'intérieur de leurs frontières, comme par exemple la Chine (UTC +8) qui est traversée par quatre fuseaux horaires. Ceci provoque des situations étranges comme celles qui arrivent au passage des frontières avec l'Afghanistan où il faut retarder l'heure de presque 3 heures et demie.

En échange, d'autres pays s'ajustent selon le méridien qui leur correspond avec des variations d'horaires à l'intérieur de ses frontières comme par exemple le Canada avec six fuseaux horaires, EE UU avec cinq, quatre au Groenland et trois en Australie.

Tout de même certains pays maintiennent quelques fuseaux horaires à l'intérieur de leurs frontières, comme c'est par exemple le cas de la Russie, qui en 2010 élimine deux de ses fuseaux horaires et passe de onze à neuf.

Normalement, lorsque nous changeons de localité en traversant plusieurs fuseaux horaires, cela provoque un phénomène appelé *jet lag*, ou décalage horaire, où il y a une différence significative entre notre horloge interne (qui coïncide avec l'heure de départ) et l'horloge de destination, le corps souffrira donc d'une série de troubles de l'humeur, de problèmes digestifs, de problèmes de mémoire et de fatigue.

Ces déséquilibres sont temporaires et disparaîtront progressivement à mesure que vous vous adapterez au nouveau cycle jour-nuit. Ceci est un exemple de distorsion temporelle qui reflète une désynchronisation dans notre horloge interne.

Mais si avec cela, nous croyons que nous pouvons prendre nos bagages et savoir à quelle heure nous allons arriver à destination, nous nous trompons. Ce n'est pas suffisant de connaître l'heure de la sortie pour y ajouter la durée du voyage et l'additionner et la soustraire ou soustraire le changement d'heure entre les pays. Il faut tout de même prendre en considération une pratique encore plus déroutante. Il s'agit d'un changement interne d'horaire relatif à la période hivernale ou estive.

Certains pays ont adopté cette mesure comme un moyen pour économiser de l'énergie, en particulier dans l'industrie, en faisant avancer l'horloge d'une heure en été pour profiter du lever précoce du soleil et le retarder en hiver.

Ces variations, lorsque l'horloge est avancée ou retardée d'une heure, peuvent provoquer dans certains cas des effets similaires à ceux du décalage horaire qui viennent d'être évoqués, des déséquilibres pouvant durer plusieurs jours, affectant à la fois le sommeil et la concentration, ayant un impact sur les enfants et les personnes âgées.

On commençait à désigner ce phénomène comme *jet-lag* social qui se produit suite à des demandes sociales, causes de décalage de notre horloge interne provoquant des altérations telles que nous les avons mentionnées ultérieurement.

Dus à ces effets temporaires négatifs sur le comportement, certains pays n'adoptent pas ces mesures et maintiennent la même heure pendant toute l'année, tel que la Chine, le Japon ou l'Inde.

Maintenant nous avons déjà le moyen de connaître avec exactitude l'heure locale d'arrivée à destination, tout en tenant compte si nécessaire du fuseau horaire et du changement de saison.

Mais en fouillant un peu plus profondément dans le décalage horaire social, c'est-à-dire ceux qui pour exigences sociales font varier notre cycle normal jour-nuit, nous pouvons trouver des situations tel que le travail par roulement, exigeant une succession de la journée de travail pendant la semaine ou le mois, allant du matin, de l'après-midi ou de la nuit en fonction des besoins productifs du moment, étant la cause des inadéquations dans le corps qui affectent la performance du travailleur.

Le travail nocturne provoque les mêmes ou de plus graves troubles pour la santé, car l'horloge interne doit s'ajuster complètement et nécessite invertir son cycle auquel il faut ajouter une importante altération dans les relations sociales vue que le reste de la famille, amis et la société en générale maintient son cycle de luminosité et obscurité, ce qui réduit les interactions et provoque des perturbations dans la famille.

Des études récentes sur des jumeaux, menées conjointement par des scientifiques allemands et danois, mettent en évidence que les effets nocifs sur la santé tant pour le travail à roulement que le travail nocturne sont plus profonds que ce que l'on pensait et constatent que le décalage de l'horloge interne arrive à provoquer de petite modifications sur le code génétique (méthylation de l'ADN) transmissible aux enfants qui peuvent se transformer en troubles métaboliques et du sommeil qui à long terme entraîneront des maladies physiologiques et psychologiques.

Bien que nous ne dépendions pas du temps, celui-ci joue un rôle très important dans tous les domaines de notre vie et peut déterminer une grande partie de notre comportement, tel que le succès des relations sociales.

48

Chapitre 4. Les migrations

Pour parler de changements de localité, nous ne pouvons ne pas commenter l'un des phénomènes les plus étonnants qui survient au sein des espèces animales, la migration.

Ce phénomène devient encore plus surprenant lorsqu'il se répète tous les ans pour devenir cyclique ou saisonnier, quand des centaines ou milliers d'individus de la même espèce se réunissent et commencent un long voyage pour parcourir le même trajet traversé par leurs parents qui à leur tour parcoururent celui de leurs parents, pour ensuite commencer le chemin de retour et retourner à leur lieu de départ.

Les différentes raisons qui peuvent donner lieu à une migration de cette ampleur, pouvant avoir pour but la procréation, sont causées par le manque d'aliments, l'arrivée de prédateurs qui mettent en danger la survie de l'espèce ou pour éviter les températures saisonnières extrêmes.

Parmi les animaux migrateurs les plus surprenants en fonction de la distance parcourue soulignons les papillons monarques (Danaus plexipus) qui, avec l'arrivée du froid, traversent les États-Unis en partant du Canada pour rejoindre le Mexique et rentrer au printemps, parcourant ainsi près de cinq mille kilomètres, presque la moitié du temps nécessaire à la baleine grise (Eschrichtius robustus) pour se déplacer de l'arctique jusqu'au pacifique Mexicain, soit près de douze mille kilomètres ; bien que l'animal qui parcourt le plus de distance lors de la migration est la sterne arctique (Sterna paradisaea) capable de traverser le globe terrestre d'un pôle à l'autre et parcourir des distances qui dépassent les soixante-dix mille kilomètres par an.

Nous observons un comportement similaire chez les premiers colons qui étaient essentiellement des nomades et se déplaçaient d'endroit à la recherche de gibier, d'eau ou de températures plus douces pour retourner quand les conditions météorologiques le permettaient.

La majeure part de l'humanité abandonne ce mode de vie, il y a plus de 10.000 ans grâce au développement de l'agriculture et de la domestication des animaux. Malgré cela aujourd'hui nous rencontrons des peuples répandus dans le monde entier qui continuent à se déplacer à la recherche d'aliments et de meilleures conditions climatiques, parmi ces peuples nous pouvons différencier les esquimaux (Groenland), les Mongols (entre Asie orientale et centrale), les Touaregs (Sahara) ou les chichimèques (Amérique centrale).

Mais avec le développement de la culture, de nouvelles motivations apparaissent qui mènent aux déplacements massifs, appelés migrations sociales, dans lesquelles le changement de lieu a pour but de visiter un site spécialement conçu pour célébrer un type de cérémonie ou de rite.

Comme par exemple la tradition de visiter une fois dans sa vie la Mecque pour les musulmans pratiquant ou la montagne sacrée pour les hindous. Chacun des innombrables pèlerinages et processions à travers le monde peut rassembler des centaines ou des milliers de personnes à une certaine date.

Le saviez-vous ?

La plus grande migration humaine se produit annuellement pour célébrer l'entrée du Nouvel An chinois également connu comme nouvel an lunaire. Plus de cinq cents millions de personnes viennent du monde entier pour célébrer cette date importante avec leurs familles.

Un cas particulier de la migration est quand celle-ci n'est pas cyclique et ceux qui se déplacent ne retournent plus à leurs domiciles, mais occupent de nouvelles localités, une situation qui prend une grande ampleur les dernières années et causée par les conflits armés qui forcent des milliers voire millions de personnes à abandonner ce qu'elles possèdent pour tout laisser derrière soi et partir les poches vides.

Un hasard qui amène à traverser les frontières de son propre pays pour rejoindre une destination inconnue ou des camps de réfugiés créés ad hoc pour les crises humanitaires.

Parfois, ces personnes, qui se déplacent, ont la chance d'arriver dans un pays d'accueil, où elles doivent repartir de zéro et faire face à de nouveaux défis tels qu'une langue différente, une nouvelle culture avec laquelle ils ne sont peut-être pas familiers, etc.

Une des inquiétudes des autorités des pays d'accueil est celle de l'effet de la migration sur la santé mentale qui concerne de nombreux cas.

Personne ne doute que la migration, surtout si nécessaire, soit une décision difficile et douloureuse, surtout si cela implique de quitter sa famille.

Arriver dans un nouveau pays et faire face à des coutumes et langues inconnues, « déstabilise » sans savoir quoi ni comment faire.

Notamment, lorsqu'on partage la langue et certaines coutumes, changer de lieu de résidence, chercher une maison, un travail et commencer à zéro suppose une situation stressante qui à la longue peut engendrer des maladies mentales.

La nostalgie pour son pays et pour l'amour pour la

famille restée dans le pays d'origine peut facilement engendrer un sentiment de désespoir qui mènent à des troubles états d'âmes qui occasionnent la dépression.

Une expérience qui va parfois de l'individu au sentiment d'un « petit groupe » défini par ses origines, sa culture ou sa langue.

Les minorités présentent souvent un comportement « d'autodéfense » de leur identité et de leur culture, se refermant sur elles-mêmes, dans de nombreux cas ne permettant à aucun non-membre de leur communauté de partager leurs pratiques et traditions, ce qui peut conduire à une augmentation du sentiment de manque d'intégration de ces membres.

Parfois, la culture « majoritaire » prévaut sur les autres, amenant les minorités à se concentrer dans des « ghettos » ou des quartiers au sein des villes où elles peuvent exprimer librement leur façon d'être, de penser et de se comporter, loin des opinions et des commentaires des autres avec qui ils ne partagent pas leurs idéologies, leurs religions ou leurs langues, pour rester dans cette espèce de « bulle ».

Une étude menée par le Département du Développement de la Psychologie clinique de l'Université de Tilburg (Pays-Bas), dont les résultats ont été publiés dans la revue scientifique *Europe's Journal of Psychology*, analyse la question de la santé mentale chez les immigrants, en accordant une attention particulière aux antécédents familiaux pour déterminer le risque de santé mentale lors de la migration.

Dans la lignée des études précédentes, ils constatent un rapport de près de 3 cas sur 1 entre immigrés et « natifs » du lieu, de sorte qu'un immigré était trois fois plus susceptible de souffrir de troubles tels que la schizophrénie.

Soixante-deux immigrants furent soumis à cette étude face aux non-immigrants et évalués à travers des épreuves mentales standardisées tel que celle des troubles des antécédents familiaux.

Les résultats indiquent que les immigrants, avec ou sans antécédents familiaux, manifestent plus de troubles psychotiques, et même lorsque ceux-ci surviennent le pourcentage de personnes touchées est plus élevé. Un groupe qui montre également un plus grand nombre de situations à risque pour la santé, comme la consommation de substances toxiques, accompagné d'une forte présence du sentiment d'anxiété et de dépression causé par une perception désespérée de leur situation.

L'étude en conclut que les immigrants qui indiquent avoir déjà des antécédents familiaux de nature psychotiques sont plus susceptibles d'en souffrir, due à l'exposition chronique face à l'adversité sociale qui dans des circonstances « normales » se manifestent dans une moindre mesure ou pas du tout.

La relation entre les facteurs environnementaux et la génétique se vérifie également lors de la manifestation de troubles telle que la schizophrénie où, en dépit de l'importance de l'hérédité, il est certain que comme dans ce cas, il existe suffisamment d'éléments « externes » comme l'immigration et tout ce que cela peut entraîner pour mettre en danger la santé mentale des immigrés.

Nous continuons sur ce thème de la santé parmi la population immigrée pour commenter que d'importants efforts ont été réalisés de la part des services sociaux des pays d'accueil pour assister les nouveaux arrivés qui avec le temps s'intégrerons dans la société comme un citoyen en plus. Mais existe-t-il un majeur pourcentage de problèmes de maladies mentales parmi les adolescents immigrants ?

Ceci est exactement ce que tente de résoudre une recherche menée par le département des services de la Santé mentale, le ministère de la Santé et le département centrale interdisciplinaire (Israël) dont les résultats furent publiés dans la revue scientifique *Journal of Child & Adolescent Behavoiur*.

Les données ont été extraites d'une macro-étude visant

à déterminer les niveaux de santé mentale des jeunes qui se rendraient en Israël au cours des années 2004 à 2005, appelée ISMEHA (*Israel Survey of Mental Health among Adolescents*).

Cette étude comptait cent trente et un adolescents immigrés face à huit cent vingt-six jeunes avec des caractéristiques similaires, nés dans le pays et âgés entre 14 et 17 ans.

De même, on souhaitait connaître la perception du service qu'ils recevaient et l'assistance disponible de la part des adultes. Pour cela les mères de ces jeunes furent soumises à des questionnaires standardisés pour évaluer à travers des S.D.Q (*Strenght ans Difficulties Questionnaire*) les aspects émotionnels et comportementaux perturbateurs qui pourrait se manifester chez les jeunes et avec des entretiens de modèle D.A.W.B.A (*Development and Well Being Assessment*) pour évaluer la présence de problèmes psychologiques chez les jeunes. Enfin les mères furent questionnées sur le numéro et la spécialité des consultations pour les questions liées à leurs enfants adolescents pendant les 12 derniers mois.

De même des données sociodémographiques ont été collectées et qui comprenaient le sexe de l'adolescent, le statut de la mère et les années de scolarité du mineur.

Les résultats montrent qu'il n'y a aucune différence

quant à la souffrance de troubles psychologiques ou du développement parmi les adolescents qui proviennent d'autres pays et ceux nés dans ce même pays et non plus concernant l'utilisation de ressources sanitaires.

Un résultat qui selon les auteurs de cette étude est exceptionnel en comparaison avec ceux d'autres pays. La nature même d'Israël l'explique, un pays construit et bâti sur les émigrants de sorte que la stigmatisation qui se produit dans d'autres pays, peu habitués à recevoir des populations étrangères, ne se manifeste pas.

Il faut également souligner l'effort généré par les services sociaux et les programmes d'intégration tel que ceux qui sont responsables de ces similitudes dans les résultats.

Il faut tout de même mettre en évidence les différences significatives rencontrées sur la perception des mères des jeunes immigrants qui se montrent plutôt préoccupées sur les difficultés et la socialisation des enfants.

Pareil, les mères qui vivent seules, veuves ou divorcées, adoptent un comportement moins productif lorsqu'elles présentent leurs enfants aux services de santé quand cela, est requis, un aspect qui représente un facteur de risque pour cette population d'immigrés.

Il faut tenir en compte que l'étude recueille uniquement une période d'un mois d'analyse influencée par différents composants économiques et sociodémographiques. Pour cela, il faudrait observer si ces mêmes résultats surviendraient pendant d'autres périodes.

L'une des limitations de cette étude est qu'elle prend en compte uniquement une tranche d'âge réduite de participants âgés entre 14 et 17 ans et pour cela il faudrait observer si ces effets se manifestent également à un âge majeur.

Une autre limitation caractérise cette étude qui est menée sur une population très spécifique qui présente des particularités difficiles à extrapoler à d'autres populations, de sorte que de nouvelles recherches sont nécessaires pour vérifier si les effets de l'immigration se maintiennent ou diffèrent dans d'autres populations.

Les deux études mettent en évidence une réalité, celle de l'immigration, qu'elle soit cyclique ou non et qui doit être abordée par les autorités, afin d'assurer une coexistence adéquate, tout en prévenant les problèmes de santé associés aux situations d'anxiété et de dépression subies par ces populations.

Chapitre 5. Le cycle menstruel

La période de l'être humain pendant laquelle se produisent les plus grands changements hormonaux, physiologiques et anatomiques surviennent pendant la puberté et coïncident avec le début de la phase de procréation qui continue tout au long de l'âge adulte et prend fin à la ménopause ou l'andropause, selon s'il s'agit d'une femme ou d'un homme.

Une nouveauté concernant les autres cycles biologiques qui seront discutés ci-dessous et qui nous accompagnent tout au long de notre vie.

Le début de l'adolescence de la femme est marqué par sa première menstruation (premier épisode de saignement vaginal d'origine menstruel) soit l'un des cycles les plus surprenants et frappant qui se produit environ tous les vingt-huit jours, le cycle menstruel ou cycle sexuel féminin.

Dans ce cycle, visant à permettre la grossesse, il y a quatre stades clairement différenciés, menstruation ou saignement menstruel ; pré-ovulation ou phase folliculaire ; l'ovulation et la phase de post-ovulation ou lutéale.

Un cycle d'une durée approximative de vingt-huit jours, un numéro familier qui vous rappellera peut-être un autre cycle similaire, celui du mois lunaire ou lunaison. Cette relation, entre les cycles menstruels et lunaires, a été recueillie par les croyances et les traditions de différentes cultures à travers l'histoire.

Le cycle de l'ovulation peut varier, s'étendre ou se raccourcir par la présence d'agents internes ou externes. Citons certains agents internes comme le stress ou les problèmes émotionnels qui peuvent conduire à des déséquilibres hormonaux.

Parmi les agents externes, mentionnons la luminosité ou la température dont le plus surprenant est probablement l'effet McClintock, nommé en honneur de sa découvreuse et également connu sous le nom de régulation sociale de l'ovulation ou synchronisation menstruelle.

Le saviez-vous ?

L'effet McClintock est un phénomène par lequel les cycles menstruels de deux ou plusieurs femmes se synchronisent lorsqu'elles occupent le même espace pendant plusieurs mois (3 ou plus), la maison ou le poste de travail, donc pas forcément un milieu familial.

Sa découvreuse Martha McClintock note qu'il s'agit de la conséquence directe de l'influence des phéromones, substances odorantes libérées par un organisme qui modifie le comportement des autres. Jusqu'alors, il n'avait été observé que chez les plantes et les animaux par rapport aux comportements d'attraction des partenaires potentiels ou la répulsion des ennemis et concurrents, mais son influence sur l'homme restait inconnue.

Outre aux conséquence sur l'état physiologique de l'organisme générées par les changements hormonaux, le cycle de l'ovulation apportera différents effets sur les résultats psychologiques et académique, même suite à une étude menée par l'école de Management Carlson de l'Université du Minnesota en collaboration avec le département de psychologie de l'Université chrétienne du Texas, le département de psychologie de l'Université du Texas, Austin (USA) et l'école de Management de l'Université de Singapour (Singapour), qui observent le comportement des consommatrices pendant l'ovulation, constatent une tendance à acheter des vêtements et produits qui les rendent plus « sexy » et partagent plus facilement leurs propres émotions avec les autres car elles se sentent intérieurement plus attractives, tout cela selon les résultats publiés dans la revue scientifique *Journal of Consumer Research.*

Mais ce cycle apportera également des conséquences sur la sensibilité des femmes et sur leur comportement de reproduction, comme le montre une étude de la Faculté de cinétique humaine de l'Université d'Ottawa (Canada) dont les résultats ont été publiés dans la revue scientifique *Scientific American* où la capacité olfactive de dix-sept femmes prenant des contraceptifs comparés à celle de seize autres femmes qui suivent leur cycle naturel a été étudiée pendant deux périodes d'ovulation.

Les résultats de l'étude font état de la sensibilité accrue des femmes suivant leur cycle naturel en comparaison à celles qui prennent des contraceptifs, voire une sensibilité majeure pendant les jours qui suivent l'ovulation et pendant la phase lutéale.

Les auteurs rapportent que, malgré des études antérieures contradictoires sur cet aspect, une sensibilité accrue peut jouer un rôle important dans la recherche d'un partenaire reproducteur, déterminée par les phéromones.

Mais s'il y a un problème majeur chez les femmes, c'est quand la femme, pour une raison ou une autre, perd la capacité d'avoir des enfants, c'est-à-dire est stérile.

La stérilité féminine est définie comme l'incapacité de concevoir et parmi les causes qui en sont à l'origine, on compte celles génétiques et biologiques, mais il existe un numéro croissant de cas qui n'appartiennent à aucune de ces causes.

Le rapprochement psychosomatique accorde une grande importance aux premières années de vie, responsable de la formation de pathologies futures, qui indiquent que le corps apprend à se manifester d'une certaine manière et s'établie dans les premières étapes de la vie, ensuite, à l'âge adulte, le corps reprendra ce même modèle pour manifester les maladies psychosomatiques.

Les agressions physiques ou psychologiques, les abus ou les violations, sont des situations qui marqueront la personne dans son développement à la fois du point de vue de sa personnalité tout comme son monde émotionnel et lorsqu'il s'agit d'établir des relations interpersonnelles.

Ceci ne veut pas dire que cette personne ayant subi une de ces situations de violence sera « marquée » pour toujours et ne pourra plus avoir une vie « normale » même en présence d'une prédisposition qui ne sera pas déterminante. Même si certaines plaies ne guérissent pas et restent dans « l'oubli », l'individu possède la capacité de se récupérer avec le temps.

L'une des causes principales est la tentative de viol ou l'abus sexuel pendant subit pendant l'enfance, un acte pour lequel le mineur n'est pas encore prêt ni physiquement ni psychologiquement et qui aura d'importantes conséquences dans le futur, comme par exemple la stérilité.

Une analyse d'expertise psychosomatique effectuée sur certains cas de femmes physiquement en bonne santé, mais dans l'impossibilité de tomber enceinte signale qu'il s'agirait d'une pathologie psychosomatique où le monde émotionnel interfère sur la performance ordinaire de l'organisme.

Actuellement on reconnaît que les traumatismes subis pendant les premières années de vie peuvent déformer un développement correct et demande une intervention spécialisée pour pouvoir surmonter ces situations afin que les conséquences futures diminuent.

En écartant les problèmes médicaux et physiologiques, parmi les causes d'infertilité figurent celles de nature psychosomatique telles que :

- l'anorexie nerveuse où la malnutrition de l'organisme qui engendrera l'immaturité sexuel et les altérations hormonales tel que la perte de la menstruation (aménorrhée).

- les dysfonctionnements sexuels tel que la dysfonction érectile ou le vaginisme, empêchant la consommation de la relation sexuelle.

En plus de tout cela, on estime qu'il existe une série de caractéristiques de la personne qui peuvent avoir une influence négative sur la fertilité telle que la baisse de l'estime de soi, un manque d'identité sexuel définit ou encore une performance sexuelle inadéquate.

Et enfin, et pas le moindre, le stress joue un rôle important dans l'infertilité même s'il n'est pas encore clair si causé par l'origine ou la conséquence de la frustration produite par les intentions répétées par le partenaire, mais sans succès.

Une étude du Département de l'anatomie et de la biologie humaine de l'Université du Western Australie (Australie) dont les résultats furent publiés dans la revue scientifique *Human Reproduction*, montre les mécanismes physiologiques comme l'anxiété qui peuvent provoquer l'infertilité vue que le stress affecte l'hypothalamus qui à son tour affecte les glandes endocrines chargées de la régulation de l'ovulation et déclenchent ainsi des altérations, ou comme l'aménorrhée qui affecte également le passage des ovules vers les trompes de Fallope pour altérer le flux sanguin utérin.

Avec cela, cette étude parvient à expliquer les preuves cliniques enregistrées sur les conséquences de niveaux élevés d'anxiété dans le cycle menstruel des femmes.

Un cycle qui comme nous le constatons est plus sensible à ce qu'on pouvait imaginer et s'adapte aux circonstances de la vie pour subit les différentes altérations causées par les préoccupations et situations de stress vécues par la femme.

66

Chapitre 6. La fréquence cardiaque

Ces cycles peuvent varier en fonction des conditions environnementales ou internes du corps. Nous pouvons rencontrer un exemple de cette influence dans le cycle cardiaque mesuré par la fréquence cardiaque définie comme le numéro de contractions du cœur ou du pouls par unité de temps mesurée par BPM (battements par minute).

Le cœur est un organe musculaire responsable de la distribution du sang dans tout l'organisme et de l'apport d'aliments et d'oxygène jusqu'au dernier coin, et pour cela, il est composé de quatre parties ou cavités cardiaques appelées atrium et ventricules.

Il s'agit d'un « moteur » biphasé composé de systole (contraction) et diastole (relaxation). Ce mouvement combiné est structuré de quatre cavités, deux atriums et deux ventricules et permet de recueillir le sang « affaibli » ensuite transféré vers les poumons pour « l'oxygéner » et distribuer ce sang, désormais « enrichi », dans tout l'organisme.

C'est précisément avec cette contraction que se produit le pouls utilisé pour mesurer la fréquence cardiaque.

L'enregistrement de l'activité cardiaque permet de constater la régularité de ce battement autour de 50 à 100 BPM ; Quantité supérieure dans le cas de nouveau-nés, entre cent et 160 BPM, et mineur pour les athlètes formés qui se situe entre 40 et 60 BPM.

Ceci serait le niveau de base ou normal au repos, qui diminue et ralentit pendant les moments de détente. Une bradycardie se produit en cas de diminution en dessous de 50 BPM, dont la persistance requiert l'installation d'un stimulateur cardiaque.

En revanche, si nous pratiquons un exercice physique quelconque comme la course, la fréquence cardiaque augmentera et le temps entre une pulsation et une autre sera plus court, par contre si la fréquence cardiaque dépasse 100 BPM on parle de tachycardie. Des effets similaires peuvent être obtenus avec l'absorption de substances excitantes (qui augmentent la fréquence cardiaque) comme la caféine ou les dépresseurs (qui la réduisent) tels que les barbituriques.

Le profil...

L'espagnol Miguel Induráin, cinquième champion du Tour de France et double champion du Tour d'Italie est considéré l'un des meilleurs cyclistes de l'histoire, et dispose d'une fréquence cardiaque au repos de vingt-huit battements par minute, la plus basse enregistrée chez les personnes en bonne santé.

La fréquence cardiaque est étroitement liée à la santé du cœur et en cas de maladie elle se refléterai en altérant la régularité du cycle cardiaque.

Les maladies vasculaires ou cardiovasculaires sont un problème qui affecte le système circulatoire et plus particulièrement le cœur, ce qui entraînera une détérioration de la santé globale du corps, en raison de son rôle nutritionnel important.

Parmi les maladies liées au système cardiovasculaire le plus courant, nous pouvons trouver :

- Les maladies cérébrovasculaires, les vases sanguins qui alimentent le cerveau.

- Les artériopathies périphériques, maladies des vaisseaux sanguins qui alimentent les membres supérieurs et inférieurs.

- La thrombose veineuse profonde et l'embolie pulmonaire, la coagulation du sang peut obstruer la circulation.

- La cardiopathie, fait référence à une maladie du cœur ou du système cardiovasculaire

- S'il s'agit d'une maladie des vaisseaux sanguins du myocarde, on parle de cardiopathie coronarienne.

- S'il s'agit d'une malformation du cœur d'origine génétique, on parle de cardiopathie congénitale.

- En cas de fièvre rhumatismale, il s'agit d'une

cardiopathie rhumatismale.

L'obstruction d'une de ces veines, causée par la détérioration du conduit ou par un caillou formé par accumulation de graisses ou de coagulation du sang (thrombose), provoquera des crises cardiaques lorsqu'elle survient au niveau du cœur et des accidents cardio-vasculaires, également connu comme attaque cérébrale ou ictus, si localisée au niveau du cerveau.

Parmi les principaux facteurs de risque qui favoriseront l'apparition des cardiopathies et ictus nous trouvons :

- Une alimentation inadéquate avec une consommation riche de sel et pauvre de fruits et légumes.

- Un manque d'activité physique modérée et régulière.

- Une consommation quotidienne de tabac et alcool.

Les facteurs de risque sont également le diabète, l'hypertension et l'hyperlipidémie (excès de graisses dans le sang).

La symptomatologie des crises cardiaques se manifeste avec une douleur ou gêne au niveau de la poitrine ou le bras, de l'épaule gauche, de la mandibule ou du dos en plus de difficultés respiratoires, nausées, vomissements, transpirations froides, évanouissements et pâleur.

La symptomatologie de l'ictus se reconnaît par l'engourdissement et la perte des forces de la moitié du corps qui se manifestent sur le visage, les bras et les jambes, par un état de confusion, de troubles de la parole et de la compréhension, une faiblesse ou perte de conscience et d'équilibre ou des problèmes visuels.

Le traitement des crises cardiaques dépend de leurs symptômes et causes :

- Du point de vue pharmacologique, la nitroglycérine est indiquée pour le soulagement des symptômes et l'amélioration du flux sanguin ; les thrombolytiques pour la dissolution des coagulations sanguines en phase aiguë ; l'aspirine, les bêtabloquants ou statines pour la prévention de la formation des coagulants.

- Du point de vue chirurgicale, et lorsque cela est requis, on procède à une angioplastie qui consiste à utiliser de « petits ballonnets gonflables » pour nettoyer les artères obstruées ou la pose d'un stent, petit ressort métallique qui maintient les artères ouvertes.

- Il est conseillé d'augmenter la consommation de fruits et légumes dans son quotidien et de réduire l'apport de sel, alcool et tabac en plus d'un programme d'encadrement pour la réhabilitation cardiaque qui implique des techniques psychologiques tels que la relaxation et le contrôle du stress.

Comme nous pouvons le constater, l'influence du rôle psychologique sur les maladies coronariennes est double, d'un côté comme partie intégrante des facteurs de risque et de l'autre sa fonction au moment des traitements car considéré comme l'un des critères des habitudes quotidiennes qui peut être modifié en renforçant les comportements appropriés et réduisant les gestes inappropriés. Tout cela combiné à l'apprentissage des techniques de relaxation et de gestion du stress pour fournir un meilleur pronostic de récupération, et réduire les probabilités de rechute de ces maladies coronariennes.

Associé à la fréquence cardiaque, il sera également nécessaire de signaler l'effet du cœur sur la pression artérielle défini comme la force avec laquelle le sang percute les parois des artères, provoquée par le pompage constant du sang provenant du cœur. L'hypertension, telle que son nom l'indique, implique des niveaux anormalement élevés de la pression artérielle.

L'importance de cette mesure révèle qu'une quantité trop élevée pourrait indiquer d'éventuels problèmes circulatoires dans le futur, due à la majeure pression sur le système entrainant plus de possibilités d'apparitions de lésions dans l'un de ces conduits et pouvant provoquer des accidents cérébrovasculaires, des crises cardiaques, une insuffisance cardiaque, une maladie rénale voire une mort imminente.

La pression, ou tension artérielle, se mesure grâce à un tensiomètre ou manomètre qui indique deux mesures, celle qui correspond à la contraction du cœur (systole) et celle correspondant à la relaxation (diastole) ; la mesure normale est respectivement comprise entre cent vingt et quatre-vingts, lorsqu'elle atteint cent quarante ou quatre-vingt-dix, on parle de pré-hypertension, alors que si elle dépasse cette mesure il s'agit d'hypertension.

Il existe deux types d'hypertension, la primaire ou essentielle et la secondaire, la primaire qui est la plus fréquente est liée au surpoids, au diabète, aux états anxieux et à la consommation de sel, alcool ou tabac. Alors que la secondaire est le résultat d'autres « troubles » qui affectent la santé telle que les maladies rénales, les troubles du système endocrinien, les problèmes congénitaux ou iatrogéniques.

Il faut prendre en compte que la pression artérielle augmente avec l'âge, due à la perte de l'élasticité des artères avec le temps, tout comme la pression n'est pas stable tout au long de la journée, mais peut varier d'heure en heure en fonction de l'activité que nous pratiquons.

Le traitement des problèmes liés à la pression artérielle se centre sur trois aspects :

- Habitudes quotidiennes salutaires qui incluent la perte de poids chez les personnes qui souffrent d'obésité, exercices modérés, alimentation à base de fruits, élimination de l'alcool, du tabac, du café, du sel et des aliments riches en graisses saturées et cholestérol.

- Intervention pharmacologique avec des diurétiques, bêtabloquants ou bloqueurs des canaux calciques.

- Intervention psychologique orientée principalement pour combattre les situations de stress quotidien et consolider les habitudes salutaires de la vie.

À partir d'une perspective psychosomatique, les personnes hypertendues sont plus en rapport avec l'hostilité refoulée qu'avec l'anxiété et sont déterminées à combattre contre leurs propres sentiments agressifs qu'elles sont incapables d'exprimer, et se sentent toujours menacées et prêtes à se défendre en vivant des situations d'alerte chronique.

De plus, ces personnes se caractérisent par une faible estime de soi, une grande ambition, une peur constante de ne pas atteindre leurs objectifs, une tendance à la perfection et à la recherche de responsabilités. Malgré cette hostilité, causée pour avoir cédé aux désirs des autres, et qui deviendra un moyen pour réaliser ses propres désirs et obtenir l'acceptation sociale, elles ne sont pas capables d'exprimer cette agressivité et font preuve de compréhension et d'affabilité.

En ce qui concerne le type de personnalité le plus

courant chez ces patients on reconnaît celles de type A et D.

- La personnalité de type A est liée aux problèmes coronariens associés à l'agressivité et à la compétitivité.

- Les personnalités de type D sont plutôt en lien étroit avec la possibilité de souffrir de troubles d'humeur comme la dépression et l'anxiété. De plus, ces personnes sont hyperactives à cause d'une exigence excessive envers soi-même et motivée par une faible estime de soi ce qui révèlent un taux élevé d'alexithymie.

Ses traits d'inhibition émotionnelle de la personnalité de type D pourraient être similaires à ceux de la personnalité de type C, où une maîtrise constante de soi apparaît également accompagnée d'un manque d'affirmation de soi et des difficultés à exprimer les émotions négatives.

Mais dans ce cas, dans la personnalité de type C, il y a aussi une apparence excessive d'expressivité des sentiments positifs, pour "compenser" les négatifs, montrant des problèmes d'amour, de soutien, de gentillesse et de manque de problèmes.

Cependant, elles font preuve de passivité, d'introversion, sont obsessionnelles, et caractérisées par une difficulté à entamer de nouvelles relations sociales ou à assumer des changements dans la vie quotidienne. Elles sont révoltées contre leurs propres accomplissements et désirent ceux des autres, sont serviables et peu sûr d'elles et ont tendance à la dépression.

Comme on peut le voir, cette différence entre les deux types de personnalité n'est qu'une question de nuances, mais ces traits distinctifs sont ceux qui feront réagir le corps différemment, donc les personnes ayant une personnalité de type C sont plus sujettes aux rhumatismes, aux infections, aux allergies, aux affections cutanées et au cancer.

Alors que les personnes de type D vont être plus susceptibles de souffrir de troubles de l'humeur, tels que la dépression et l'anxiété, les ulcères gastroduodénaux et les troubles vasculaires, tels que l'hypertension, les cardiopathies ischémiques ou les arythmies, avec un risque plus élevé d'infarctus du myocarde.

Chapitre 7. Le cycle du sommeil

L'un des cycles les plus importants est celui qui se produit pendant que le corps est en repos, soit le cycle du sommeil, pendant lequel se succèdent deux phases consécutives bien différentes, la phase du sommeil paradoxal, en anglais REM (mouvements oculaires rapides) et la phase du non-REM, la fin d'une phase donne lieu à début de l'autre tout au long de la nuit.

Pendant la première phase, aussi connue sous le nom de sommeil paradoxal, une activité neuronale intense se produit, comme si l'individu était éveillé, où la perception des rêves semble vécue et chargée émotionnellement ; si vous réveillez une personne dans ce stade, elle sera en mesure de raconter son rêve en détails.

Alors que dans la phase non-REM, ou sommeil lent, l'activité neuronale est plutôt faible et le contenu du sommeil est plus associé aux préoccupations quotidiennes.

La contribution de ces deux phases n'est toujours pas claire, mais nous savons qu'elles apportent une fonction importante lors de la création de nouvelles connexions neuronales qui permettent la fonction de l'apprentissage. La privation du sommeil aura des effets négatifs tant au niveau cognitif comme physiologique.

L'horaire du sommeil et de l'éveil est un autre élément régi par le soleil et modifié par l'utilisation continue et intense de la lumière électrique qui souvent empêche le sommeil jusqu'à la fin du programme télévisé nocturne ou bien nous pouvons nous endormir avec la télévision allumée sans même savoir l'heure.

Nous pouvons nous réveiller de bonne heure avant le lever du soleil et en profiter pour nous déplacer vers notre bureau avant les autres et éviter ainsi l'heure de pointe.

Si nous faisons référence au soleil et aux horaires de lumière, il est nécessaire de prendre en considération que la modification du cycle naturel devient visible non seulement entre été et hiver, tel que nous l'avons déjà commenté, mais également en fonction de l'endroit dans lequel nous nous trouvons et à chaque fois que nous nous rapprochons d'un des deux pôles. En hiver, la lumière devient plus intense au nord qu'au sud où nous assistons à des journées de 19 heures de lumière en été et à mal à peine entre 3 et 5 heures d'obscurité.

C'est le contraire en hiver, avec seulement 5 heures de lumières et le reste dans l'obscurité. Une sensation étrange à laquelle on finit par s'habituer.

Pour cela, le moment idéal pour bénéficier des premiers rayons de soleil serait celui indiqué par le lieu du voyage pour y ajuster le plus possible le cycle naturel. Une conviction faisant partie intégrante de certaines religions égyptiennes dans lesquelles les adorateurs de Rê, ou Amon-Rê, le dieu du soleil, attendaient l'aube pour commencer la journée et absorber les rayons de soleil pour se remplir d'énergie et pouvoir de travailler toute la journée.

Le même déroulement devrait se répéter au moment d'aller dormir, c'est-à-dire, se coucher au crépuscule pour réguler de manière naturelle les 8 heures de sommeil et reposer, l'organisme en profitera pour se récupérer des infections, archiver les empreintes de la mémoire du vécu et de tout l'apprentissage pendant la journée.

Tout cela sans oublier qu'au cours de l'année certains jours sont plus courts et d'autres plus longs, avec une moyenne de 8 heures d'obscurité pour récupérer.

Ce cycle, qui semble si stable, varie légèrement dans le temps et une fois stabilisé dure toute la vie.

Pendant les premiers jours de vie, et encore pendant le procès de maturation interne, le bébé dort entre 16 et 20 heures par jour. Ses interruptions du sommeil sont chaque fois plus espacées au fur et à mesure que passent les mois.

Une durée qui diminuera progressivement jusqu'à l'approche des 8 heures où elle se stabilisera jusqu'au début de la vieillesse, lorsqu'un léger raccourcissement se produit, et réduit le sommeil d'une heure ou d'une heure et demie, et cela, malgré l'augmentation du temps total pendant lequel on est au lit.

La distorsion temporelle est un terme technique utilisé pour décrire toutes les altérations causées dans les cycles naturels d'une personne. Tel que nous l'avons déjà commenté, le *jet-lag* ou la privation du sommeil provoquent des modifications à long et court terme et sont les principaux responsables d'un grand nombre de syndromes du métabolisme, des maladies cardiovasculaires, d'une détérioration cognitive, de troubles affectifs, de la modification du sommeil, de certains types de cancer, et même du vieillissement prématuré.

Un exemple clair de distorsion temporelle est celui de l'insomnie, ou privation de sommeil, soit un manque d'heures de sommeil nécessaires à l'organisme avec des conséquences néfastes sur la santé de l'individu.

Des expériences de privation de sommeil ont été menées, et on observe que ne pas laisser dormir un individu l'empêchera de réaliser de nouveaux apprentissages, car l'empreinte mémoire n'a pas été enregistrée. De même, le système immunitaire qui ne se défendra pas contre les infections et les attaques de l'extérieur, réduira sensiblement ses performances.

Ceci engendrera une hypersensibilité au contact avec

la lumière et aux stimuli externes ainsi qu'une irritabilité extrême à tout geste extérieur. Et cela, seulement en 36 heures. Continuer plus loin dans l'étude semblait éthiquement incorrect vue les conséquences néfastes sont considérées irréversibles pour le patient.

D'où l'importance de dormir dans un lieu ventilé et silencieux, car même si l'organisme est endormi, il maintient un mécanisme de « protection » et par conséquent un bruit fort pourrait nous tirer du sommeil, ceci étant un moyen de sécurité qui nous permet d'échapper ou nous défendre. Un processus très utile surtout pour les ancêtres des grottes qui face aux menaces des charognards avaient quelques secondes pour réagir.

Même aujourd'hui un bruit fort peut nous réveiller et interrompre le cycle du sommeil pour nous empêcher par la suite de nous endormir facilement.

Ci-dessous, nous reportons un transcris d'une entrevue réalisée au Dr. Vilma Aho, bioscientifique, chercheuse de l'équipe de sommeil d'Helsinki, Institut de biomédecine, Université d'Helsinki (Finlande).

Pourquoi est-il important de bien dormir ?
Le sommeil est un processus physiologique complexe essentiel à toutes les espèces animales étudiées.

Chez les mammifères et les oiseaux (et certains reptiles), les phases de sommeil sont détectées par EEG (électroencéphalogramme). Le sommeil, ou des états similaires du sommeil, fut observé chez d'autres animaux comme les poissons-zèbres, les mouches à fruits et nématodes (C. elegans), en utilisant des critères comportementaux.

Même si les humains passent environ un tiers de leur vie à dormir, les scientifiques du sommeil ne sont toujours pas certains de la raison pour laquelle nous devons dormir.

Les théories actuelles émettent l'hypothèse que le sommeil est nécessaire pour maintenir l'équilibre énergétique et/ou faciliter la récupération des réseaux neuronaux après une activité de veille et faciliter les processus d'apprentissage et de mémoire.

Pendant les phases de sommeil, les modifications de l'activité cérébrale sont synchronisées avec les modifications du système nerveux autonome et du tonus musculaire. Le sommeil est essentiel pour les processus cognitifs tels que la mémoire et l'apprentissage, et est étroitement liée aux systèmes périphériques tels que le système immunitaire et le métabolisme.

La synchronisation du sommeil et la veille se contrôlent à l'aide de deux processus : le rythme circadien et la pression homéostatique du sommeil. Le rythme circadien (Circa => proche de ; diano => un jour) oscille entre jour et nuit ; les animaux journaliers exécutent leurs activités pendant la journée et les animaux nocturnes pendant la nuit.

La lumière déclenchera l'horloge centrale (maître) situé dans le NCS (noyau suprachiasmatique) du cerveau. Le NCS intervient pour la régulation de signaux neurohormonaux et la synchronisation d'autres rythmes de l'organisme, comme le sommeil, l'alimentation et le métabolisme.

L'homéostasie (homeos=> similaire ; stasis => état), par définition, essai de maintenir le système stable et relativement constant. Le processus homéostatique du sommeil mesure le sommeil nécessaire qui augmente pendant l'éveil et diminue vers la ligne de base pendant le sommeil.

Combien d'heures de sommeil avons-nous besoin ?

Les heures de sommeil nécessaires sont difficiles à déterminer. Dans les études expérimentales, l'EEG des sujets peut être enregistré dans le laboratoire du sommeil et leur durée de sommeil peut être mesurée objectivement. En revanche, aucun moyen de quantifier objectivement la nécessité réelle du sommeil n'a été établi.

Malgré cela, le besoin subjectif de sommeil peut être

abordé par des questions utilisées dans les études épidémiologiques comme par exemple : de combien de temps avez-vous généralement besoin pour vous sentir rafraîchi et bien fonctionner pendant la journée ? La durée du sommeil d'un individu est déterminée à la fois par des facteurs génétiques et environnementaux.

Jusqu'à présent, quelques gènes associés à la durée du sommeil ont été identifiés dans des études sur la population humaine. Pourtant, chacun de ces gènes peut expliquer une petite partie de la variabilité entre les individus.

Chez la mouche des fruits (Drosophila melanogaster), les scientifiques ont identifié, par exemple, un gène appelé Sleepless. Les mouches avec une mutation dans ce gène n'ont besoin que d'un cinquième de sommeil par rapport au temps nécessaire aux autres mouches.

Cependant, ces mutants ne semblent pas passer beaucoup plus de temps à accomplir des activités, car ils ont également une durée de vie considérablement plus courte que les mouches normales (environ la moitié du temps).

La durée du sommeil humain a été évaluée dans plusieurs populations. En moyenne, la majorité se situe dans une fourchette entre 7 et 8 heures de sommeil par nuit. Même si la durée moyenne du sommeil diminue au cours de dix dernières années.

Il semblerait que certains dorment naturellement peu et résistent bien tout au long de leur vie avec seulement quelques heures de sommeil par nuit. Pareil, certaines personnes disent avoir besoin entre 9 et 10 heures de sommeil chaque nuit pour se sentir reposées.

Le sommeil change avec l'âge. Ainsi, il est habituel de dormir entre 14 heures la nuit à l'âge d'un an et entre 9 à 10 heures à 12 ans.

Chez les adultes, le vieillissement diminue la durée et la qualité du sommeil, et les personnes âgées ont tendance à avoir un sommeil plus fragmenté (interrompu).

Aussi, la différence entre les sexes montre que les femmes dorment en moyenne vingt minutes de plus la nuit que les hommes.

Le manque de sommeil pourrait être défini comme la soustraction entre le temps que l'individu passe à dormir pendant une nuit et ses nécessités de sommeil naturel. La privation de sommeil peut être engendrée par exemple par l'insomnie, le travail par roulement, les activités de temps libre, les maladies somatiques qui affectent le sommeil, etc.

Le manque de sommeil peut s'accumuler si une personne dort sans cesse moins de ce qu'elle nécessite.

Les effets de la privation de sommeil sur les divers aspects de la physiologie et de la pathologie peuvent être étudiés à l'aide de la restriction expérimentale du sommeil (privation de sommeil partielle ou totale dans des conditions de laboratoire contrôlées), en comparant avant et après (et/ou des sujets privés de sommeil par rapport aux sujets témoins qui dorment normalement); avec des études épidémiologiques (transversales ou longitudinales); avec des informations provenant de questionnaires subjectifs sur les paramètres du sommeil, tels que la qualité du sommeil, le besoin, la durée et la privation.

Combien de temps peut-on rester sans dormir ?

Le temps maximum de veille prolongé pour un être humain sain semble être entre une et trois semaines, mais le maximum réel est encore inconnu, car il s'agit d'études éthiquement inacceptables.

Cependant, nous disposons d'expériences documentées qui datent des décennies précédentes. Dans un cas bien connu en 1963, un lycéen de San Diego âgé de 17 ans serait resté éveillé pendant onze jours.

Selon les rapports, il ne prenait aucune forme de stimulants et son état était surveillé par un spécialiste du sommeil assisté de ses camarades de classe.

Cependant, comme son activité électrique cérébrale n'a pas été enregistrée via un EEG, son état de veille ne peut être confirmé de manière fiable. Il s'agit du seul cas de ce genre ayant enregistré le temps maximal sans sommeil.

Aussi, certains rapports présentent des personnes qui assurent ne pas avoir dormi pendant des périodes beaucoup plus longues, des années voire des décennies. Aucun d'entre eux n'a été scientifiquement confirmé, à ma connaissance.

La possibilité est celle que ces individus sentent subjectivement qu'ils n'arrivent pas à s'endormir complétement, mais même de cette manière, il est tout à fait possible de rencontrer des épisodes très court de sommeil « micro-sommeil » et/ou sommeil local (voire plusieurs sommeils locaux) présents dans une partie du cerveau à la fois pendant que le reste du cerveau reste éveillé.

Les épisodes de micro-sommeil ne sont pas détectés par l'analyse EEG de routine (qui normalement s'analyse avec des écarts de trente secondes) mais peuvent être rencontrés dans une analyse plus approfondie d'enregistrement EEG.

Les rêves locaux peuvent être détectés avec EEG à haute densité, c'est-à-dire un enregistrement EEG avec des centaines d'électrodes placées autour de la tête du sujet.

Dans des études expérimentales chez l'animal, la privation totale de sommeil pendant de longues périodes s'est avérée létale. Chez l'homme, il existe certaines maladies rares, telles que l'insomnie familiale mortelle, où les patients peuvent souffrir de privation de sommeil sévère pendant des mois, entraînant éventuellement la mort.

Que se passe-t-il si nous ne dormons pas suffisamment ?

La privation de sommeil affecte le cerveau en diminuant les performances cognitives, tels que la mémoire et l'apprentissage.

En plus, le métabolisme cérébral est affecté. L'adénosine est une molécule qui augmente dans une zone bien déterminée du cerveau pendant l'éveil quand les réserves d'énergie du cerveau diminuent.

L'adénosine stimule le sommeil à se produire à l'aide de l'union entre les récepteurs de l'adénosine. La consommation de café permet de retarder l'effet de l'adénosine et freiner ces récepteurs grâce à la caféine. Cependant, la caféine ne détruit pas l'adénosine formée et ne supprime donc pas la pression du sommeil créé.

Le manque de sommeil n'attaque pas seulement le cerveau, mais également les systèmes périphériques tels que le système immunitaire et le métabolisme d'hydrates de carbone. Il existe par exemple une connexion entre la régulation de l'appétit et celle du sommeil.

La quantité de ghrélines « hormone de la faim » peut

augmenter et la quantité de leptines « hormone de la satiété » diminuer comme résultat de privation du sommeil. Cela peut éventuellement entraîner une suralimentation et conduire à l'obésité.

Quelle est la relation entre le sommeil et le système immunitaire ?

Le sommeil et le système immunitaire sont étroitement liés. Ces systèmes sont en constante interaction bidirectionnelle, le sommeil affecte le système immunitaire et, vice-versa, le système immunitaire affecte le sommeil.

Cela peut être observé, par exemple, dans le besoin de dormir plus lorsque nous attrapons une infection, comme le rhume.

Les cytokines pro-inflammatoires jouent un rôle de médiateur, il s'agit de messagers du système immunitaire qui transportent des messages d'alerte dans le sang et qui favorisent également le sommeil dans le cerveau.

Ces cytokines augmentent également lorsque nous sommes éveillés pendant de longues périodes. Par ailleurs, le manque de sommeil entraîne des modifications au niveau de la régulation du système immunitaire sur les différents globules blancs (leucocytes) et l'expression génique dans ces cellules et des populations d'expression génique dans les leucocytes.

La privation de sommeil augmente également la CRP protéine de phase aiguë (protéine C-réactive), et provoque un état de faible degré d'inflammation. Ces effets suggèrent que la privation de sommeil agit comme un signal de danger dans le corps.

Même si la privation de sommeil entraîne l'activation du système immunitaire lorsque cette perte s'accumule, elle peut donner lieu à plusieurs infections causées par une dépression des défenses. Les réponses aux vaccins ont également été signalées comme étant plus faibles si le sommeil est restreint.

Quelle est la relation entre le sommeil et la santé cardiaque ?

Les études épidémiologiques ont montré une association entre le manque de sommeil et la mortalité (en général comme pour les maladies cardiovasculaires) ainsi qu'un majeur risque de diabète type II, athérosclérose et obésité.

Aussi, pour un grand nombre de maladies, on propose comme facteur de risque le sommeil d'une durée plus longue que la normale, mais ce n'est toujours pas clair quels sont parmi ces résultats ceux qui peuvent être expliqués par d'autres facteurs comme les maladies sous-jacentes, les facteurs socio-économiques, etc.

Des études expérimentales ont montré que la privation de sommeil modifie le métabolisme des glucides, provoquant un déséquilibre dans le rapport insuline/glucose, ce qui peut entraîner une résistance à l'insuline et un diabète de type II. On note également une augmentation de la pression artérielle et de la fréquence cardiaque. En plus des facteurs métaboliques, l'inflammation de bas grade est une médiatrice importante dans le développement de maladies cardiovasculaires et métaboliques.

Ces changements peuvent expliquer en partie comment le manque de sommeil chronique peut augmenter le risque de maladies cardiovasculaires, ainsi que d'autres facteurs de risque. Outre à la quantité de sommeil, le temps de sommeil et d'éveil sont également importants pour le bon fonctionnement du corps et, un sommeil perturbé pourrait probablement entraîner la désynchronisation des horloges périphériques et de l'horloge centrale (maître) dans le cerveau et provoquer ainsi une augmentation de risque de maladies métaboliques.

Qu'est-ce qui est étudié par l'équipe *Team Sleep* Helsinki ?

L'équipe *Team Sleep* Helsinki (groupe de recherche Tarja Porkka Heisakanen) de l'Université d'Helsinki étudie les mécanismes moléculaires de la régulation du sommeil et de l'éveil. Nous nous intéressons également aux effets de la privation de sommeil, notamment en relation avec la dépression et - d'autre part - sur les systèmes périphériques.

Dans mon projet de thèse de doctorat, je me concentre sur les effets de la perte de sommeil cumulative sur le système immunitaire et le métabolisme des lipides.

Pour cela, je souhaiterais remercier le Dr. Vilma Aho, bioscientifique, chercheuse de l'équipe de sommeil d'Helsinki, Institut de biomédecine, Université d'Helsinki (Finlande) pour nous avoir rapprochés de l'importance du sommeil.

Chapitre 8. Taux de régénération cellulaire

Probablement le phénomène le moins évident et qui se produit de manière cyclique dans notre organisme et sans lequel on ne pourrait pas survivre est celui de la régénération cellulaire qui consiste à la création de nouvelles cellules qui remplacent les précédentes qui ont déjà terminé leur cycle de vie.

Ce processus qui peut être observé chez tous les êtres vivants dans la nature se répète sans cesse depuis la naissance jusqu'à la fin de la vie, même si sa rapidité de régénération sera toujours plus lente au fur et à mesure qu'on vieillit.

Les nouvelles cellules sont produites dans les tissus externes, les cheveux, les ongles, la peau ; et internes, les muqueuses, les muscles, les os et le sang ; un renouvellement de toutes les cellules du corps se produit environ tous les 7 à 10 ans.

Chaque type de cellule se régénérera à un rythme différent, les tissus externes l'exécutent plus rapidement que les tissus internes. Ainsi, l'épiderme, la couche la plus superficielle de la peau, est renouvelée tous les trente jours ; tandis que les globules rouges tous les cent vingt jours et ceux du foie tous les trois cents à cinq cents jours.

Jusqu'à relativement récemment, on croyait que deux

types de cellules ne se régénèrent pas dans le corps, les neurones du cerveau et les cellules cardiaques.

Récemment une découverte révèle que les deux se régénèrent, mais avec une rapidité plus faible que les autres, ce qui ouvre de nouvelles possibilités de recherches pouvant s'appliquer sur le rétablissement des patients ayant souffert d'une crise cardiaque du myocarde, dans le cas du cœur, ou pour ceux présentant des lésions cérébrales ou des maladies neurodégénératives comme l'Alzheimer, dans le cas du cerveau.

Pourtant, d'après une étude menée par la Faculté des sciences biologiques de l'Université d'East Anglia (Angleterre) et dont les résultats furent publiés dans la revue scientifique *Molecular Ecology*, on en est bien loin. Il reste un petit obstacle d'une grande importance encore méconnu, celui de la limitation des télomères, soit les extrémités des chromosomes qui semblent tracer notre destin dès la naissance.

Les auteurs de l'étude ont démontré comment la longueur des télomères est liée à l'espérance de vie d'une personne ; ainsi, un télomère plus court est lié à un risque accru de décès prématuré.

Cette longueur du télomère est déterminée à partir du moment de la naissance ce qui nous mène à affirmer que nous sommes programmés pour mourir.

Quelque chose de similaire comme pour les appareils électriques, qui sont préprogrammés en usine pour durer un certain temps, dépassé ce délai ses programmes internes provoquent le dysfonctionnement de certains composants et enfin, l'appareil cesse complètement de fonctionner.

Ceci est connu comme la mort technologique programmée ou obsolescence programmée. Une pratique étendue dont le seul objectif est celui d'obliger les personnes qui bénéficiaient de l'utilisation d'un appareil, qu'il s'agisse d'un véhicule ou d'un électroménager, avec une date d'expiration, d'en acheter un nouveau.

Suite à cette analogie, on peut dire que le corps a la capacité de vivre beaucoup plus d'années que nous. Il s'agit précisément de ce que certains auteurs soutiennent, que la nature fixe une date d'expiration depuis la naissance et que si ce processus s'étendait, il pourrait continuer jusqu'à 150 ans.

Les motifs ou les causes de cette « mort prématurée programmée » restent encore un mystère, une explication possible peut être que la nature souhaite préserver un équilibre entre les espèces en leur attribuant une fin pour qu'elles soient durables.

Guerres, épidémies ou autres catastrophes biaisent quotidiennement la vie des personnes et celles-ci ne compléteront pas ce « plan » qui pouvait les amener à vivre encore 20 ou 40 ans de plus.

Cependant, si nous parlons de régénération cellulaire, selon les neurologues, il est important de souligner un des phénomènes les plus frappant de la nature, celui considéré comme mort neuronale programmée appelée apoptose. Un phénomène de sélection naturelle caractérisée par le passage de cent mille neurones à seulement quelques milliers. Un mécanisme qui permet l'élimination de tous les neurones qui, en son temps, n'ont eu aucun contact, c'est-à-dire qui n'ont établi aucune connexion avec les autres neurones pour faire partie du grand réseau qui est le cerveau. Ainsi, les neurones potentiels qui auraient pu faire partie de quelque chose ne le sont pas et sont par conséquent éliminés.

Engager la mort neuronale programmée montre clairement comment la nature peut éliminer ce qu'elle estime inutile, dans le cas des petits enfants, cette élimination sélective s'active sur tous les neurones sans connexions.

Un processus de perte neuronale, dans l'étape adulte se produit de forme naturelle. Ces neurones, qui ne reçoivent aucun contact de la part d'autres neurones, sont moins alimentés comparés à ceux qui fonctionnent habituellement et ne participent ni à la connexion ni aux messages reçus et transmis par ces neurones.

Dans la mort programmée, un enzyme s'active pour ensuite éliminer tous les neurones n'ayant établi aucune connexion avec d'autres neurones.

Certains auteurs proposent que quelques maladies, comme la maladie d'Alzheimer, pourraient être dues à une activation inadéquate de ce processus, ce qui impliquerait une destruction sans discernement au niveau neuronale.

D'autres auteurs affirment que ce qui se produit à l'intérieur de certaines démences est précisément la croissance incontrôlée de cellules qui occupent les espaces inter-neuraux et qui causent des dommages entre les connexions et dont la croissance excessive provoque la mort des neurones environnants.

Bien que nous ayons jusqu'à présent parlé d'un taux régulier de régénération cellulaire, qui diffère selon le type de cellule et sa position dans le corps, ceux ayant le plus faible taux de reconstruction sont les neurones les cellules cardiaques. Il s'agit tout de même d'un processus naturel, modifiable, occasionné par ce que nous connaissons sous le nom de stress oxydant et qui raccourcis la vie cellulaire.

Le stress est un principe psychologique de l'individu qui perçoit une demande continue qui dépasse ses capacités et ayant une répercussion directe sur le corps par le biais d'hormones de stress nommées cortisol, produit par la glande surrénale qui se résiste pendant beaucoup de temps dans l'organisme et facilite l 'apparition de problèmes physiques parmi lesquels certaines maladies psychosomatiques comme le cas des ulcères.

Les séances de psychothérapie utilisent souvent des techniques de relaxation, de visualisation positive et de respiration, visant à fournir à la personne suffisamment d'outils pour lutter contre les niveaux de stress quotidiens pour ne pas déclencher une maladie dans le corps.

Mais le concept de stress ne se limite pas au seul domaine psychologique, puisque ces dernières années ce stress oxydant, qui fait référence à un déséquilibre cellulaire dans le traitement de l'oxygène, est considéré comme responsable du déclenchement du vieillissement prématuré des cellules.

Parmi les conséquences néfastes du stress oxydatif, on trouve le diabète, le cancer, les maladies cardiovasculaires, et même la maladie de Parkinson.

Par ailleurs, le stress oxydant est également associé à certaines altérations psychologiques telles que les troubles affectifs, anxieux ou alimentaires, voire même la schizophrénie. Également, on observe des niveaux majeurs de dépendance à certaines substances telles que l'alcool ou les opioïdes.

L'origine du stress oxydant varie et devient parfois difficile à discerner, découlant du style de vie comme la sédentarité, du niveau d'anxiété de l'individu, mais également des agents externes comme la radioactivité ou le soleil.

Depuis longtemps on connaît la relation entre le poste de travail et les maladies, de ce fait, celles qui sont provoquées par le travail sont appelées maladies professionnelles et toutes les personnes qui travaillent y sont exposées, quel que soit le pays.

Le personnel sanitaire en contact avec des patients y est particulièrement sensible, mais parmi eux le groupe le plus surexposé aux modifications de l'ADN est le personnel de la radiologie. Par conséquent, s'agit-il du personnel le plus exposé au stress oxydant ?

C'est précisément ce qui a été étudié conjointement par le département de biologie de l'Université Payame Noor, la Faculté de pharmacie et le Centre de recherche pharmaceutique de l'Université des sciences médicales du Téhéran et l'Université islamique d'Azad (Iran), et dont les résultats furent publiés dans la revue scientifique *Health*.

Quarante-sept personnes ont participé à l'étude, dont vingt-huit femmes, toutes issues du personnel de radiologie d'un hôpital, qui ne présentent pas une régulière consommation d'alcool ou d'autres drogues, qui ne souffrent pas de maladies telles que le cancer, le diabète, de troubles respiratoires, du cœur ou de la thyroïde.

Également, pendant les 12 mois précédents la recherche, les participants ne devaient pas travailler dans le département de radiologie et seront soumis à une analyse de stress oxydant, moyen utilisé pour la comparaison.

Après 2 ans de travail du personnel, des nouvelles données ont été recueillis, tant pour mesurer le niveau de stress oxydant que pour évaluer la santé physique et mentale et vérifier les effets d'une exposition « professionnelle » aux rayons X dans un environnement contrôlé d'une clinique.

Les résultats indiquent que plus les niveaux de stress oxydant sont élevés, plus les troubles de la mémoire verbale, de l'attention sélective, de l'initiative de la personne et de la vitesse psychomotrice sont importants.

On observe des différences entre homme-femme au moment de l'expression de troubles de somatisation, de dépression majeure et d'anxiété, dans les trois cas ces troubles sont plus élevés chez les femmes que chez les hommes.

Parmi les limitations de l'étude, il reste le manque de connaissance de la quantité d'expositions aux rayons X de chaque individu, et on suppose que l'exposition est la même pour tous.

Cette différence de d'implication entre les hommes et les femmes peut être expliquée pour une majeure responsabilité émotionnelle du cerveau émotionnel dans le comportement chez les femmes déjà révélé dans des recherches précédentes.

L'étude prête une attention particulière au personnel sensible qui, malgré les mesures de prévention et de sécurité au travail, continue de souffrir de tous types de « maux » dus au stress, qu'ils soient physiques ou psychologiques.

Comme nous l'avons déjà mentionné, le stress oxydant a déjà été observé à travers le vieillissement normal, mais aussi dans différentes psychopathologies, bien que son rôle dans la maladie d'Alzheimer ne soit pas clair.

Bien que les causes provoquant le stress oxydant et ses conséquences sur la santé peuvent varier, un lien a été établi avec une dégradation sur la santé. Un des indices significatifs de présence de stress oxydant est le niveau d'homocystéine dans le plasma, un aminé soufré considéré comme l'un des indices majeurs des lésions neuronales également lié à la vitamine B12.

L'un des problèmes de l'Alzheimer est la différenciation

des diminutions des fonctions physiques et psychologiques indépendamment de l'âge.

La vieillesse entraîne une réduction progressive des capacités, ce qui coïncide avec les effets de cette maladie qui se présente chez les patients âgés.

Par conséquent, il s'agit de chercher un indice qui serait capable de distinguer entre le normal et le pathologique et pouvoir établir un diagnostic plus précis, mais aussi pour pouvoir concevoir des médicaments capables de freiner l'avancement de la maladie d'Alzheimer voire même annuler ses effets.

Un des meilleurs candidats pour cela est précisément le stress oxydant, car déjà présents dans différentes pathologies dégénératives. Par conséquent, existe-t-il une relation entre le stress oxydant et l'Alzheimer ?

C'est justement ce qu'essaie de vérifier le département de gériatrie du centre de santé mentale de Qingdao (Chine) dont les résultats furent publiés dans la revue scientifique *BioMed Research International.*

Quarante patients atteints de la maladie d'Alzheimer sans symptômes, trente-sept patients diagnostiqués avec la maladie d'Alzheimer avec des symptômes comportementaux et psychologiques et en tant que groupe témoin trente-neuf personnes du même âge, mais sans ladite maladie, ont participé à l'étude.

Toutes ont subi un test sanguin pour rechercher les différents niveaux d'homocystéine dans le plasma, comme facteur déterminant du stress oxydant.

Les résultats montrent des différences significatives dans les taux d'homocystéine plasmatique entre les patients atteints de la maladie d'Alzheimer par rapport au groupe témoin. De même, les patients présentant des symptômes comportementaux et psychologiques ont montré des taux d'homocystéine plasmatique plus élevés.

Ces différences significatives relient le stress oxydant à une diminution des capacités psychologiques.

Les résultats sont importants, mais il n'est toujours pas clair si ces différences peuvent expliquer la progression de la maladie, de quelque manière que ce soit, et s'agit-il d'un facteur de plus à prendre en compte lors de la préparation d'un traitement pharmacologique pour lutter contre ses effets.

À l'apparition du cancer, le taux de régénération cellulaire est également modifié. Une étude récente relie l'activation excessive du système endocrinien et en particulier des glandes surrénales, liée au stress, avec l'apparition du cancer.

Nous ne parlons pas seulement de cancer causé par le stress oxydant, tel que mentionné précédemment, mais également par le stress psychologique, en particulier lorsque celui-ci devient chronique.

Pour comprendre les implications des glandes surrénales dans le système endocrinien, il faut se rappeler qu'elles sont réparties dans tout le corps, et impliquées dans de nombreuses fonctions, mais lorsqu'elles fonctionnent mal, elles peuvent déclencher une rupture du rythme de la division cellulaire et provoquer l'apparition de cellules cancéreuses.

Ainsi, on observe que ces cellules morphologiquement identiques aux autres, mais avec une seule caractéristique qui les différencie, elles se divisent et se multiplient sans cesse.

Ceci entraîne qu'en « peu de temps » elles peuvent s'étendre à des tissus ou organes voisins pour briser le cycle naturel de la division cellulaire.

Dans le système endocrinien, on trouve l'hypophyse ou pituitaire et la pinéale, dans le cerveau, mais également dans d'autres localités, les thyroïdes, le pancréas, le thymus, les ovaires chez la femme et les testicules chez l'homme et les glandes surrénales. Ci-dessous une liste de chacun d'entre eux et des effets de son dysfonctionnement :

- l'hypothalamus produit du CRH et a un effet « initiateur » du stress. Ceci conduit à relâcher du cortisol dans le corps, mais en plus, a la production d'hormones régulatrices d'autres glandes endocrines comme la dopamine qui empêche la prolactine en inhibant la production de lait maternel ; l'hormone de libération de thyrotropine qui stimule sa production de grâce aux thyroïdes ; l'hormone de libération de somatotropine qui facilite la croissance ; l'ocytocine qui facilite l'accouchement et l'allaitement maternel ; et la vasopressine qui favorise l'absorption de liquides dans le sang. Un fonctionnement inadéquat affectera un grand nombre d'agencements de l'organisme avec lesquels communique l'hypothalamus et transmettra ainsi des dysfonctionnements au reste de l'organisme.

- l'hypophyse ou pituitaire, libère des hormones qui activent la production d'hormones de la part d'autres glandes, comme cela a déjà été vu, l'ACTH (l'adrénocorticotrophine) facilite la production de cortisol par les glandes surrénales et enfin la thyrotropine stimule l'absorption d'iode par la thyroïde.

Par ailleurs, l'hormone de croissance se produit, ce qui facilitera la croissance cellulaire ; l'hormone lutéinisante facilite l'ovulation ; la prolactine facilite la production de lait maternel ; l'ocytocine favorise la contraction utérine pendant l'accouchement et facilite l'allaitement ; la vasopressine stimule l'absorption d'eau dans le corps.

Un majeur numéro de fonctions entraîne un « dégât »

majeur qui se reproduit dans le corps quand cet organe arrête de fonctionner correctement et lorsqu'il se voit affecté pour engendrer une diminution de son activité appelée hypopituitarisme, « exprimé » souvent à travers une performance incorrecte des fonctions des organes associés tels que la thyroïde ou les surrénales.

- La glande pinéale, produit principalement l'hormone de mélatonine, impliquée dans le système immunitaire, le rythme cardiaque tout comme le cycle du sommeil. Sa carence provoque l'insomnie, la dépression et l'accélération du vieillissement.

- Les thyroïdes produisent la thyroxine et la triiodothyronine, qui accomplissent une fonction de régulation de la croissance, la maturation des organes tout comme l'état d'alerte physique et mental. L'absence de thyroxine dans le corps peut provoquer le crétinisme, ce qui implique un retard mental et physique accompagné d'un manque de croissance, ou nanisme, avec des traits moins accentués, mais avec un retard évident de croissance.

L'hypothyroïdie de son côté provoque fatigue, perte de la mémoire, de poids et entre autres un taux élevé de cholestérol.

- Le pancréas sécrète au duodénum de l'insuline et du glucagon, le premier utilisé pour métaboliser les hydrates de carbone, protéine et graisses en favorisant la formation de graisses (accumulant des réserves). Au moment de libérer les glucoses dans le foie, le glucagon augmente les niveaux de sucre dans le sang. Le manque de production d'insuline de la part du pancréas déclenchera le diabète.

- Le thymus, produit différents hormones, la thyhmoline, la thymopoïétine et la thymosine, impliquées dans la maturation des lymphocytes T, cellules du système immunitaire de l'organisme dont le dysfonctionnement affecterait le bon fonctionnement du système défensif en facilitant les infections et pouvant déclencher des maladies auto-immunes, tel que la myasthénie, caractérisée par une faiblesse et une fatigue musculosquelettique qui à son tour provoque une marche instable et irrégulière, des difficultés de déglutination, difficultés respiratoires et entre autres des troubles dans la parole.

- Les ovaires, productrices d'estrogènes, précieux pour la formation des caractères secondaires féminins, la distribution de graisses, la grandeur du bassin, la croissance des seins, produisent également des progestérones dont la fonction est liée avec la menstruation et la préparation du corps à la gestion de l'accouchement. Son dysfonctionnement entraînera des altérations du cycle menstruel, des maux de tête, de la constipation, de la dépression et des troubles du sommeil.

- Les testicules, productrices d'androgènes, chargées du

développement des caractères sexuels secondaires chez les hommes en plus de la production de gamètes mâles, appelés spermatozoïdes. Son altération peut entraîner des déséquilibres hormonaux, un dysfonctionnement sexuel et l'infertilité.

- Les glandes surrénales produisent du cortisol appelé également hormone de stress en plus des estrogènes ; des progestérones, des stéroïdes, de la cortisone, de l'adrénaline, de la norépinéphrine et de la dopamine.

Une étude menée par le département de pédiatrie, division de biologie pulmonaire et vasculaire, en collaboration avec le département des sciences cliniques, le département de génétique moléculaire, le département de pharmacologie et le département de chirurgie du Texas Southwestern University Medical Center (États-Unis) dont les résultats ont été publiés dans la revue scientifique *Cell Reports*, lie l'activité des glandes surrénales à la possibilité de souffrir d'un cancer du sein.

Si jusqu'à présent, on connaissait la relation existante entre les niveaux élevés d'estrogènes, cette étude affirme que l'augmentation de la production de cholestérol stimule le cancer du sein, dû à un métabolite du cholestérol appelé 27HC.

Cette recherche ouvre de nouvelles voies d'intervention, expliquant en partie l'efficacité limitée des traitements endocriniens appliqués jusqu'à présent dans le cas du cancer du sein.

Bien que cette découverte ne traite que les implications pharmacologiques, il est évident que le cholestérol se produit pendant les situations stressantes, par conséquent, en plus de ces traitements, il serait conseillé de suivre une formation appropriée de techniques de contrôle et de gestion du stress, pour réduire le taux de cholestérol et par conséquent réduire également la possibilité d'apparition d'un cancer du sein, ou encore, dans l'éventualité d'en souffrir, être en mesure de ralentir son développement et son extension.

Mais si jusqu'à présent, on a parlé de l'origine du cancer, il faut aussi parler des facteurs impliqués dans sa guérison. Les émotions, jouent-elles un rôle dans la guérison du cancer ?

La conscience de la relation entre le corps et l'esprit est connue depuis l'antiquité et les Grecs. Récemment, il a été découvert qu'il existe un circuit qui les mets en relation via le système PNIE (psycho-neuro-immunologie) qui unit le domaine de la psychologique avec l'activité neuronale, le système immunitaire et endocrinien, et par conséquent l'altération d'un système affectera l'autre.

Aussi, pour pouvoir guérir les personnes, il ne suffit pas

de réaliser une intervention spécifique sur le système endommagé ou impliqué. En partant d'une perspective psychosomatique, on estime qu'une intervention globale de différents systèmes est nécessaire pour renforcer l'organisme et l'aider ainsi à affronter le traitement et à améliorer la santé. Quel est le rôle du stress dans le traitement contre le cancer ?

C'est ce qu'essaie de vérifier le département des sciences sociales et humaines en collaboration avec le département de l'économie, des entreprises environnementales et le département des méthodes quantitatives de la division mathématiques et statistiques, le département des sciences juridiques et de l'histoire institutionnelle de l'université de Messine (Italie) dont les résultats furent publiés dans la revue scientifique *Procedia - Social and Behavioral Sciences*.

Cent soixante-quinze patients cancéreux ont participé à l'étude, dont cent quarante-et-un étaient des femmes, tous recevant une chimiothérapie comme traitement. Un 46% affecté d'un cancer du sein, un 30% d'un cancer colorectal et 24% non spécifié.

Pour cela, ils ont utilisé un questionnaire standardisé pour évaluer les métacognitions, c'est-à-dire, les pensées et idées sur quelque chose, et qui sont déterminants pour évaluer le niveau de stress. Si on a une idée correcte du traitement et ses conséquences, le niveau de stress sera moindre que si cette pensée est incorrecte ; résultats obtenus et évalué par un MCQ -30 (*Metacognition Questionnaire-30*) adapté en italien.

L'hôpital *Anxiety and Depression Scale* a également utilisé une échelle d'auto-évaluation standardisée pour évaluer le niveau de stress et de dépression chez les patients.

Les résultats montrent une relation négative significative entre les métacognitions et les niveaux de stress et de dépression. Ces résultats, étant moins précis en comparaison avec l'information du traitement et ses conséquences, avec des taux élevés de stress et de dépression.

Comme le suggèrent les auteurs de l'étude, ces résultats révèlent clairement que les aspects psychologiques jouent certainement un rôle primordial dans le traitement du cancer, et facilitent ainsi une plus grande efficacité thérapeutique.

Une des limites de cette étude est qu'elle est réalisée seulement avec des moyens d'auto-évaluation où l'individu donne son opinion sur soi-même, une méthode qui, pour renforcer sa validité, pourrait être complétée avec des évaluations de la perception de la famille ou des professionnels de la santé en charge de ces patients.

Bien qu'aucune modification des données ne soit nécessaire, les résultats des analyses auraient pu être divisés selon le type de cancer ou le sexe du patient, des renseignements qui n'ont pas été pris en compte.

Aussi, cette étude ne propose pas le modèle d'intervention ni son évaluation, ceci implique la nécessité d'une nouvelle recherche pour connaître de quelle manière améliorer le traitement chez les patients oncologiques avec une intervention sur les aspects psychologiques de l'individu.

En vue des résultats, on supposait que dans chaque unité de traitement du cancer, que ce soit à travers la chimiothérapie ou autre, un psychologue soit présent pour apporter son soutien et résoudre les doutes des patients et de leurs familles.

À cet égard, des progrès considérables ont été accomplis dans les hôpitaux et centres sanitaires qui engagent des psycho-oncologues, soit des psychologues spécialisés dans les traitements de ce type de patients, qui selon les résultats comme ceux-ci, nécessitent de plus en plus leur présence.

Comme nous l'avons mentionné dans l'introduction, la médecine psychosomatique considère un individu comme un être global dont les systèmes sont interdépendants, et où une intervention de différents domaines est requise pour renforcer et améliorer la santé, comme dans ce cas, inclure une intervention sur le stress dans le traitement contre le cancer.

Chapitre 9. Conclusion

La chronobiologie est la science qui étudie les cycles biologiques et dans le contexte humain elle étudie les mouvements cycliques du sommeil, des muscles lisses ou des hormones.

En ce qui concerne la chronologie, qui examine l'influence du passage du temps sur les êtres vivants, depuis la moitié de la décade des années soixante du siècle dernier, les études se penchent sur la chronobiologie pour essayer de découvrir comment certains phénomènes pourraient se produire de manière cyclique dans le corps.

En moins de 10 ans, cet intérêt s'est étendu sur la chronobiologie médicale dont le but était de vérifier l'évolution des maladies et quels étaient leurs cycles de propagation et de mortalité.

Une branche de la science qui fournit des informations très précieuses pour la lutte contre les maladies, et qui permet de connaître comment certaines maladies sont plus susceptibles d'apparaître à certains moments de la journée que d'autres.

Mais l'étude ne s'arrête pas là, elle s'étend sur la guérison de l'organisme et vérifie comment le système immunitaire agit également de manière cyclique, une étude actuellement en cours, pour comprendre de quelle manière ce cycle de défense de l'organisme pourrait interagir avec les médicaments administrés.

Pour cette raison, lorsque nous allons chez le spécialiste, celui-ci prescrit le médicament en indiquant les doses quotidiennes et l'heure de son administration, par exemple, « Prendre un comprimé toutes les 12 heures », ou « Prendre un comprimé avant chaque repas », cherchant ainsi à augmenter l'effet du médicament dans le corps en l'ajustant au mieux à ses cycles.

Il s'agit d'une grande avancée dans l'efficacité des médicaments, car auparavant on a constaté que certains n'avaient aucun effet chez des patients alors que c'était précisément le moment de l'ingestion qui réduisait son efficacité.

Comme nous pouvons le voir, il s'agit d'une branche scientifique jeune, mais très prometteuse en termes de connaissances qu'elle peut apporter et avantages qu'elle pourrait permettre aux patients.

www.ingramcontent.com/pod-product-compliance
Lightning Source LLC
LaVergne TN
LVHW010643200726
843507LV00011B/1752